档案数据管理与长期保存策略

——基于数字中国战略的研究

肖　林　龙凌云　张建明　杨安荣　著

中国财富出版社有限公司

图书在版编目（CIP）数据

档案数据管理与长期保存策略：基于数字中国战略的研究／肖林等著.—北京：中国财富出版社有限公司，2024.2

ISBN 978－7－5047－8107－9

Ⅰ.①档…　Ⅱ.①肖…　Ⅲ.①档案管理—数据管理—研究—中国　Ⅳ.①G271

中国国家版本馆 CIP 数据核字（2024）第 047999 号

| 策划编辑 | 李彩琴 | 责任编辑 | 李彩琴　孟　婷 | 版权编辑 | 李　洋 |
| 责任印制 | 尚立业 | 责任校对 | 孙丽丽 | 责任发行 | 董　倩 |

出版发行	中国财富出版社有限公司		
社　　址	北京市丰台区南四环西路 188 号 5 区 20 楼	邮政编码	100070
电　　话	010－52227588 转 2098（发行部）	010－52227588 转 321（总编室）	
	010－52227566（24 小时读者服务）	010－52227588 转 305（质检部）	
网　　址	http：//www.cfpress.com.cn	排　　版	宝蕾元
经　　销	新华书店	印　　刷	宝蕾元仁浩（天津）印刷有限公司
书　　号	ISBN 978－7－5047－8107－9/G·0815		
开　　本	710mm×1000mm　1/16	版　　次	2024 年 6 月第 1 版
印　　张	9.25	印　　次	2024 年 6 月第 1 次印刷
字　　数	142 千字	定　　价	69.80 元

研究团队主要人员

肖　林　　龙凌云　　张建明

杨安荣　　徐颖珺　　常亚杰

单　良　　夏广平　　路　斌

程望远

序

　　我国正在全面推进数字中国战略，人工智能大数据将引起新的科技产业革命，档案信息资源是最大的、最有效的大数据，基于数字中国战略，如何探索创新档案数据管理与长期保存策略，成为摆在我们面前的一项紧迫的重大课题。

　　在大数据环境下，档案工作的环境、对象、内容都发生了巨大变化。国家档案局《2022年度全国档案主管部门和档案馆基本情况摘要》的统计数据显示，全国各级国家综合档案馆现有馆藏档案数字化成果28069.0TB，馆藏电子档案2372.9TB，其中，数码照片220.0TB，数字录音、数字录像1040.0TB。海量"数据"的涌现，给人类生产、生活带来巨大便利，同时也诱发了档案数据的安全问题。

　　数据安全关乎国家安全。数据与国家经济运行、社会治理、公共服务、国防安全等方面密切相关，数据泄露、丢失和滥用将直接威胁国家安全和社会稳定。2021年1月1日，《中华人民共和国档案法》正式施行，明确要求"各级人民政府应当将档案信息化纳入信息化发展规划，保障电子档案、传统载体档案数字化成果等档案数字资源的安全保存和有效利用"。2021年9月1日，我国数据安全领域的基础性法律《中华人民共和国数据安全法》正式施行，明确将数据安全上升到国家安全范畴。2021年中共中央办公厅、国务院办公厅印发《"十四五"全国档案事业发展规划》，要求档案部门要贯彻总体国家安全观，加强电子档案长期保存技术和管理研究，保障档案数字资源安全，创建科学的可信存储与验证体系。2023 年，国务院办公厅印发《政务服务电子文件归档和电子档案管理办法》，对规范电子文件管理，确保电子文件的真实、完整、可用和安全提出明确要求。安全保管保存好电子文件，加强档案数字资源长期保存已摆上重要日程。2019 年 2 月和 2022 年 2 月，时任上海市委书记李强同志两次视察上海市档案馆时指出，要加强档案数字资源的长期安全保存问题的超前研究，找到对策。

2021 年 3 月，国家档案局专门立项科研项目"数字档案储存介质耐久性及长期保存策略研究"，由我主持这项国家重点课题的研究，历经三年多时间完成并通过国家档案局验收。之后，我又主持了相关应用性研究，形成了面向实际的、具有可操作性的调研报告，提出了现阶段档案数字资源长期保存主要存在以下八个方面的问题：

一是档案数字资源数量激增而带来的庞大数据存储风险。近年来，我国法律法规保障方面不断取得突破，使电子文件归档与电子档案管理的路径逐步打通，电子档案在各级档案部门大量汇集。以上海市档案馆为例，其自 2011 年建设分布式存储系统，2018 年扩容至 400TB 裸容量，因采用两副本模式，实际可用容量为 200TB，目前已使用 80TB，冗余 120TB。当前存储系统主要存放数字化馆藏档案，单个文件几十个 kB，2014 年提高精度后单个文件 200~300kB，截至 2023 年年底已超过 2 亿个文件。待接入文书档案、专业档案（音视频档案）、脱贫攻坚档案、防疫档案、国有企业退休职工人事档案、一网通办档案、立档单位档案后，总体数据量预计将超过 500TB，远远超过现有可用容量。档案数字资源的数量呈指数激增，需要更多形式和数量的存储设备，如何存储如此庞大的数据是档案部门面临的问题。

二是现有档案数字资源存储备份介质不能满足长期保存要求。从调研情况看，目前上海市档案馆和各个区级档案馆使用的存储备份介质主要是硬磁盘和磁带。硬磁盘用于档案数字资源的在线存储和在线备份，磁带用于档案数字资源的离线备份。但是，硬磁盘的寿命一般为 5 年左右，磁带的寿命在 10 年左右。现有的存储备份介质的寿命与档案数字资源长期保存的期限（数十年到上百年，甚至永久）相差甚远，存储备份介质本身并无法满足档案数字资源长期保存的要求，且存储介质已经使用多年，数据丢失的风险将大大增加。

三是软硬件技术快速更新迭代使档案数字资源识读面临无法阅读的风险。档案数字资源的识读依赖于合适的软硬件环境，技术不断发展，软硬件更新升级迅速，档案数字资源的存储格式又具有多样性和易变性，档案数字资源往往和格式、软件、硬件捆绑在一起，即使存储介质完好，软件的技术过时也会造成许多旧的硬件设备无法与新的软硬件系统环境兼容，这就造成了一些档案数字资源的不可识读。设备老化和技术的频繁更新，给档案数字资源长期保存带来的问题，比载体寿命带来的问题更为严重。据调研了解，已有个别档案信息出现了因软硬件技术更迭问题而无法读取的情况。由于档案数字资源包含大量国家秘密和重要敏感信息，涉及政治、经济、文化、科技、军事等各个方面，一旦这些数据遭到破坏或丢失，将给国家及档案事业带来难以估量且无法弥补的损失。

四是库房环境条件和控制水平良莠不齐亟待改善。国家对保存档案数字资源的库房环境等制定了相关的标准规定。根据《档案馆建筑设计规范》（JGJ 25—2000）相关规定，一般档案库房的温度为 14～24℃，相对湿度为 45%～60%。相比于传统的纸质档案，档案数字资源的存储介质有着更为苛刻的温、湿度要求，此外还有防火、防潮、防磁、防尘、防紫外线、防有害气体、防有害微生物等要求。通过实地调研发现，大多数档案部门有保存档案数字资源的专用库房并采用防磁柜，但仍有一部分档案馆由于资金有限，没有条件建立专门的档案数字资源存储库房，将档案数字资源存储介质与纸质档案并存，不利于档案数字资源的保管保存。

五是档案数字资源长期保存维护量大、成本高。由于现有的硬磁盘、磁带等存储备份介质的寿命不符合长期保存的要求，因此在档案数字资源长期保存过程中需要不断对存储介质进行检测，对存储数据进行迁移等，数据维护的工作量非常大。存储设备达到保存期限后，要对设备进行升级、换代，需要重复投入大量的设备采购成本，再加上运维人工成本，设备运转所需的电力资源成本，总的加起来需要投入的成本非常高。

六是档案数字资源遇到丢失、损坏等情况难以及时发现。档案数字资源具有易修改、易删除的特点，并且修改、删除之后也不容易被发现。在档案数字资源长期保存过程中，由于病毒入侵、黑客攻击极有可能遭到非法篡改和恶意破坏，由于人为操作失误造成数据丢失，由于设备的故障造成数据损坏。在现有长期保存管理模式下，由于缺乏定期的检测机制，这些现象的发生并不能被及时发现，可能给档案管理部门带来无法估量的损失。

七是档案数字资源异质备份规范标准尚未纳入计划与规划范畴。实现重要档案异质备份是档案数字资源长期保存的一项非常重要的工作。最新发布的《中华人民共和国档案法》明确"电子档案与传统载体档案具有同等效力，可以以电子形式作为凭证使用"，电子文件单套归档和电子档案单套管理将成为今后发展趋势。在单套制管理背景下，如何实现重要档案异质备份一直是困扰档案部门的问题。把电子档案全部打印成纸质档案进行异质保存显然不现实，既不经济也不便于管理。因此，在档案数字资源长期保存的规划中，档案数字资源异质备份的问题也必须统筹考虑。

八是受核心技术被国外垄断制约档案数据存储安全隐患持续存在。目前，磁盘、磁带、光盘等存储介质的核心技术多由外国公司掌握，导致各地档案部门使用的存储设备和对应的软件系统多为国外品牌。蓝光光盘和磁带的相关组织和标准，也由国外行业牵头成立与制定。技术上的不可控使存储信息的保密性和安全性受到了严重威胁。在这种国际局势复杂多变、关键核心技术受制于人的背景下，一旦爆发大规模技术封锁，我国档案数据可能会出现存量数据无法读取、增量数据无处可存的风险。

针对上述存在的问题，我们提出了以下十个方面的解决措施和实施方案。

一是谋划搭建总体框架。按照《数字档案馆建设指南》和《数字档案馆系统测试办法》中的数字档案馆系统测试指标表的要求，数字档案馆建设应建立档案接收库、档案管理库、档案利用库和长期保存库。上海市档案馆建立档案数字资源长期保存库，实现和现有档案核心资源库（管理库）的物理分离。按照数字档案在线、离线、多套、异质、异地备份的要求，有序开展备份工作。档案数字资源长期保存库通过搭建专业化的备份环境，配置智能化的数字档案备份载体和设备，建立完善的备份策略，提供安全、可靠、经济、便捷的数字档案备份服务。总体框架自底向上分为三层：①搭建专业化的物理环境，根据需要选择磁盘、磁带、光盘、胶片等各类存储备份介质，按照档案库房"十防"要求，建设长期保存库的硬件环境。②配置各种存放不同特性存储介质的保管设备；由于存储介质本身的不可直读特性，还需配置各种存储介质的读取设备。③搭配完善的备份策略，按照档案长期保存的要求，提供档案长期保存过程中的自动备份、定期巡检、自动盘点等功能，实现对备份数字档案的全方位、智能化管理。

二是构造备份管理系统。备份管理系统基于 OAIS 模型，实现对备份的数字档案和备份载体的统一信息化管理，包括数据可视化展示、存储备份介质管理、数字档案长期保存管理、系统管理等功能模块。①实现数据可视化。与备份中心各类智能设备集成，获取设备信息和环境信息，并对备份中心的设备、存储介质、数据、环境、预警等信息进行展示。②实现出入库、定期检测管理。提供出入库信息登记功能，包括单位名称、存储备份介质信息、备份数据介绍、出入库日期、存放位置、交接人等信息。对各类存储备份介质进行定期检测，确保存储备份介质长期可用，也便于发现问题并及时将旧存储介质中存储的数据迁移到新存储介质中。③实现智能巡检、数据恢复、转换迁移。自动完成数据巡检，生成巡检报告。当数据出现异常时，系统提供数据恢复功能，可自动从其他存储备份介质中恢复数据。可对系统中支持的各类预警进行设置，并对系统运行过程中产生的预警进行管理，全程记录预警处理过程、预警自动进行格式转换或者存储介质迁移。

三是优选存储介质与存储设备。总体来说，作为档案数字资源长期保存的存储介质，不管是磁盘、磁带，还是光盘，都有其缺陷，都存在安全隐患，比如受高温、高湿、灰尘、电磁干扰、机械外力等环境的影响，或者本身材质损坏，信息都将无法读取，软硬件技术更新和设备老化同样会造成数字信息无法读取。另外，计算机病毒、黑客攻击等也会造成信息丢失。因此，在最好的技术还没有出现前，只能选择目前来说最适合自身实际的档案数字资源存储介质。比如蓝光光盘库。蓝光光盘库是一种以蓝光光盘或光盘匣为存储介质的具有高可靠性的海量数据近线存储设备，其通过机械手自动精确定位、抓取光盘，从而实现对光盘的自动化管理。蓝光光盘库一般由蓝光光盘、自动换盘机械手和蓝光光驱三部分组成。光盘库可以实现近线/离线存储，并具有很好的寻址能力；由于光存储介质的生命周期很长，因此，数据的保存时间越长，它的总体拥有成本越低；光存储介质一次性写入，不能修改和删除，抗电磁干扰，存放环境要求低，存储数据的安全性高。国家标准《磁光电混合存储系统通用规范》（GB/T 41785—2022）已正式发布，将推进光磁库产品更加的规范化、标准化。硬磁盘因其大容量、运行速度快、性价比高等优点，常选为在线备份的存储介质，可将所有数据都存储在硬磁盘上，当需要对数据进行查询或者出库时，可以快速地响应。档案级蓝光光盘因其使用寿命长、稳定性好、不可篡改的优点以及响应速度较慢的缺点，选为近线/离线存储备份介质，将所有数据在蓝光光盘上进行近线/离线备份。中长期规划采用磁光胶融合的存储介质选择策略，在选用硬磁盘和蓝光光盘的前提下，选择数字胶片作为长期存储介质。

四是实施多套备份策略。按照档案管理要求的异地、异质、离线备份要求，基于硬磁盘、磁带、蓝光光盘、胶片不同存储介质的特点，建议采用4-3-2-1备份策略，实现档案数字资源的多套备份：4套数据（1套在线、1套近线、1套异地、1套异质），3种存储介质（磁盘、光盘/磁带、胶片），2套离线（光盘/磁带1套、胶片1套），1套异地（光盘）。需要说明的是，一套胶片异质备份，由于备份制作成本较高，基于性价比的综合考虑没有必要针对全部数据，只是针对珍贵的、重要的、价值较高的档案数字资源。

五是实施备份更新策略。由于档案管理库对应的档案信息系统一般都已经建立了完善的数据级和系统级备份策略，基于备份软件定期地开展数据备份、系统备份等，总的来说已经具备了较好的数据安全性。因此，档案管理库中更新的档案数据，可以根据数据更新的频繁程度，按每月/每季度/每半年/每年一次将其更新至长期保存库中。数据进入长期保存库后，再按照 4－3－2－1 备份策略，利用不同的存储介质，制作多套备份数据，实现异地、异质、离线备份。

六是实施数据恢复策略。在档案数字资源长期保存过程中，有可能因为各种原因导致数据丢失、损坏等。这时，我们首先从长期保存库中的在线备份进行数据恢复，如果在线备份数据完好，则将需要恢复的数据打包、出库，恢复至档案管理库中；如果在线备份数据也出现问题，则需要从离线备份数据恢复，从离线备份中将数据首先恢复到在线备份数据中，再从在线备份数据恢复至档案管理库中；如果遇到极端情况，离线备份数据也坏了，则需要从异质备份数据或者异地备份数据中将数据先恢复至在线备份数据中，再恢复至档案管理库中。当长期保存库中的各类存储备份介质在定期检测中发现问题时，需要及时从其他备份数据中进行数据恢复。在线备份数据出现问题，首先从离线备份数据中恢复；离线备份数据出现问题，马上再制作一套离线数据；在线备份数据和离线备份数据同时出现问题，则从异质备份数据或异地备份数据中恢复。

七是实施存储介质迁移策略。《电子档案管理基本术语》（DA/T 58—2014）中对"迁移"进行了如下定义："在不改变文件格式的前提下，将电子档案由一种软硬件配置转移到另一种软硬件配置的过程。"从定义中可以看出，迁移包括数据迁移、系统迁移、存储介质迁移。这里说的迁移主要是指存储介质迁移，就是在相同存储介质或者不同存储介质之间的数据拷贝，防止因为存储介质性能变化而导致数据丢失。在长期保存技术中，也将这种存储介质之间数据拷贝称为"更新"。通过对存储介质耐久性研究可以得知，硬磁盘的保存寿命一般为 5 年左右，硬磁盘上的数据要实现长期保存，必须每隔一定的周期就对硬磁盘上的数据进行迁移操作；档案级蓝光光盘的保存寿命为 30 年，在长期保存过程中也需要定期进行迁移操作确保长期安全保存。

八是实施格式转换策略。将档案数字资源转换成符合长期保存要求的格式也是实现档案数字资源长期保存的非常重要的技术手段。一般来说，格式转换的原因主要有三类：第一类，将原始格式向符合长期保存要求的格式转换。档案数字资源产生时文件格式可能不符合长期保存的要求，为了确保档案数字资源的长期保存，档案数字资源进入长期保存库之前就应执行格式转换操作，将档案数字资源转换成符合长期保存要求的格式。《版式电子文件长期保存格式需求》（DA/T 47—2009）中给出了版式电子文件长期保存格式应满足的十一项需求：格式开放、不绑定软硬件、文件自包含、格式自描述、显示一致性、持续可解释、稳健、可转换、利于存储、支持技术认证机制、易于利用。《电子文件归档与电子档案管理规范》（GB/T 18894—2016）中要求照片类电子文件以 JPG、TIF 等格式归档，录音类电子文件以 WAV、MP3 等格式归档，录像类电子文件以 MPG、MP4、FLV、AVI 等格式归档。第二类，由于技术更新导致原有格式面临淘汰。档案数字资源大多是以某种编码形式存在的，其读取需要依靠计算机软硬件环境。虽然长期保存的档案数字资源已经转换成了符合长期保存要求的格式，但是由于技术的飞速发展，无法确保几十年后该格式依然适合长期保存。当这些格式被废弃或者取代后，以这些格式保存的档案数字资源将面临无法读取的风险。并且在目前已知的技术更新频率下，技术淘汰给档案数字资源带来的威胁远远大于存储介质的损坏给其带来的挑战。因此，在长期保存过程中，要时刻关注技术更新，当某些格式即将面临淘汰时，要及时地进行格式转换，向更高级的版本或者更适合长期保存的格式转换。第三类，国家安全战略要求向自主可控格式转换。档案数字资源长期保存同样也要考虑信创背景下自主可控格式转换的情况。比如档案馆大量存在的 PDF 文件，将来可能需要转换成自主可控的 OFD 格式。

九是建设电子档案库房。由于电子文件易修改、环境依赖、存储介质可分离等特性，单一的存储备份介质显然无法满足电子档案长期安全保存的需要，比较切实可行的措施是采用不同存储介质多套备份组合的方式来确保档案数据安全。因此，电子档案库房实际保存的是存储电子档案的物理载体，比如磁盘、光盘、磁带、胶片等。另外，由于存储介质本身的不可直读特性，还需要配置各种读取设备；由于各种存储介质的保管条件要求不同，还需要配置各种存放不同特性存储介质的保管设备，这些存储介质读取和保管设备统称电子档案库房装具。电子档案库房应严格落实档案安全保护要求，确保按照防火、防盗、防水、防潮、防尘、防光、防虫、防鼠、防高温、防污染等要求建设，让电子档案存放更安全。

十是形成完善制度办法。为加强数字档案信息安全管理，形成完善多套管理制度和规范办法，主要有计算机系统安全管理制度、计算机网络安全管理制度、计算机及相关设备安全管理制度、计算机主机房安全管理制度、存储介质安全管理制度、数据备份同步与恢复管理制度、信息分类分级标识管理制度、信息系统数据安全管理制度、数据维护操作管理制度、信息系统涉密人员管理制度、信息安全保密员制度、计算机终端外部设备移动存储介质安全保密检查制度、计算机病毒防范管理规范等。其间开展了《上海市档案局数据应急恢复测试》演练并形成报告。

我们的研究和应用仍然是初步的。本专著是在国家档案局立项科研项目"数字档案储存介质耐久性及长期保存策略研究"研究成果基础上深化调研扩充而形成的。本课题研究团队主要人员是肖林、龙凌云、张建明、杨安荣、徐颖珺、常亚杰、单良、夏广平、路斌、程望远，由我主持研究和撰著。

本课题研究和撰著基本完成后，我牵头又开展了一系列应用性的调研并形成了调研报告，该调研报告的主要内容，是为序。

2024 年 6 月

目　录

引　言

以习近平同志为核心的党中央高度重视数字经济发展。在 2015 年第二届世界互联网大会开幕式上，习近平总书记首次提出"数字中国"这一概念——"中国正在实施'互联网 +'行动计划，推进'数字中国'建设"。2017 年 10 月，党的十九大报告明确提出建设数字中国，这是数字中国首次被写入党和国家纲领性文件。2022 年 10 月，党的二十大报告指出："推进新型工业化，加快建设制造强国、质量强国、航天强国、交通强国、网络强国、数字中国。"2023 年 2 月，中共中央、国务院印发《数字中国建设整体布局规划》，数字中国建设有了里程碑意义的顶层设计和整体谋划。

随着数字中国建设逐步从战略规划走向落地实施，其中所蕴含的推动全社会数字转型的要求也对档案领域提出了新挑战、新要求。如何与数字中国战略对接，进一步体系化地推动档案数字化转型，是档案学界需要集体思考的一个问题。

档案工作是党和国家各项工作中不可或缺的基础性工作。档案数据是国家核心战略资源，档案数据攸关国家安全。档案数据的长期安全保存要放在数字中国战略和总体国家安全观战略下去思考、去谋划、去解决。为防范档案数据安全风险、提升档案数据管理与长期保存工作的质效，本书研究团队采取文献查询、实地调研、比较分析等形式，对国内 40 多家档案馆、机关、企事业单位档案室进行调研，广泛听取有关部门单位和基层档案工作者的意见和建议，了解档案数据保存现状及存在的问题，以及档案数据存储介质耐久性与长期保存最新发展趋势和技术方向。本书作者团队对当前主流档案数字存储介质进行了系统梳理，深入研究存储介质的物理性能、读写规则、使用寿命，从国外同类项目的案例分析中吸收先进的理念与技术，提出档案数据管理与长期保存的策略和方法，并提出了切实可行的电子档案备份中心建设方案。

本书是在国家档案局立项科研项目"数字档案储存介质耐久性及长期保存策略研究"研究成果的基础上深化调研扩充而成的。本研究是一项开拓性科研成果，可供所有数字资源长期安全保存的研究机构和实际应用机构参考。

1 档案数据长期保存概述

1.1 档案数据概述

1.1.1 档案数据的概念

档案数据是指在信息技术的支持下，以数字形式存储、管理和利用的各类档案信息资源，既包括传统纸质档案、照片档案、音视频档案等的数字化副本，也包括各类电子档案、电子文件、电子资料和数字编研成果等。

档案数据是国家经济和社会发展的战略性信息资源，在国家治理现代化、政府治理重塑、社会政策优化、公共服务提升等各项工作中发挥着基础信息支撑作用。

档案数据概念的提出，不仅是对电子档案、电子文件、数字化副本档案、网络档案信息资源等概念的整合与提升，更是在新形势、新要求下对新型档案资源的整体性思考。

档案数据有狭义和广义之分。狭义的档案数据是指档案馆（室）所藏的数字形式的档案资源；广义的档案数据是指纳入数字档案馆（室）建设范畴的一切信息资源，除了包括狭义的档案数据外，还包括相关的信息人、信息设备、信息管理系统、信息网络等各类非档案资源。

从早期的计算机辅助档案管理到后来的电子文件管理，再到如今快速发展的数字档案馆（室）建设，档案数据建设已经成为新时期国家档案工作的核心内容之一。

1.1.2 档案数据的特点

无论是传统馆藏数字化转换形成的档案数据，还是在网络环境下直接生成的原生性档案数据，都具有系统依赖性强、与存储介质易分离、存储密度高、信息易篡改、信息可共享等特点。掌握档案数据的特点是科学管理档案数据的前提。

（1）系统依赖性强

档案数据是以数字化二进制信息的形态存在的，它的形成、传输、管理、显示等都离不开数字设备与环境的支持，都需要依靠特定的硬件、软件系统组成的协同环境或平台，因此具有很强的系统依赖性。基于这个特点，档案数据无法通过人工直接识读和管理，必须依靠特定的软硬件环境。档案数据的管理也不能局限于档案数据本身，还需要关注软硬件系统环境，并随着软硬件的更新换代，有针对性地采取数据转换、迁移、备份等措施，保证档案数据的可读、可用。

（2）与存储介质易分离

传统档案的信息往往被永久固定在某一特定介质上，如纸质档案将文字信息固化在纸张上、照片档案将图像信息固化在相纸上等。档案管理工作可以看作是对"静态档案"的管理，而档案数据的介质对信息不再具有永久的固化作用，在管理过程中往往需要改变信息在同一介质上的存址，或者要求信息在不同的介质间转换，信息对于特定介质来说具有相对独立性，容易与介质分离。因而，档案数据的管理可以看作是对"动态档案"的管理。档案数据的管理需要格外注重其真实性、完整性、安全性和可用性。

（3）存储密度高

档案数据的存储密度远远高于以往各种档案存储介质。相对于传统的信息存储介质而言，存储档案数据的磁盘、光盘、磁带等介质的容量大，且档案数据信息所占用的存储空间小，从而实现了档案数据的高密度储存。比如，单张光盘的存储容量可达几百 GB，而单个硬盘的存储容量已达 TB 级，并且随着技术的进步，存储密度还在继续加大。档案数据存储的高密度性给将更广范围的档案数据纳入档案管理提供了可能。同时，存储的高密度性也在一定程度上提高了管理风险，需要科学选择存储介质，并充分运用各种保管保护技术或措施保障数据的安全。

（4）信息易篡改

档案数据的信息增、删、改相对容易，在数据转换和迁移过程中也容易出现信息的损失、改码等现象。由于档案数据信息具有可变、易变的特点，需要综合采用格式固化、元数据管理等方式保证档案数据的真实性。另外，档案数据信息的易变性也意味着档案数据具有很强的可操作性，可以根据需要对档案数据进行编辑处理，更好地满足用户需求。

（5）信息可共享

采用传统介质的档案通常只能让接触到它的人进行阅读，而档案数据不受这种限制，可以通过网络进行多终端共享，并且实现有条件的、可控的共享，能够做到在网络的其他终端上读取存于网络某一设备上的档案数据。档案数据信息的共享性在给用户带来便利的同时，也对档案数据的知识产权、隐私权管理等提出了更高的要求。

1.1.3 档案数据的来源与分类

当前，档案数据主要来源于归档电子文件的接收和馆藏传统纸质档案、照片档案、音视频档案的数字化转换等。档案数据正呈现出快速增长的态势，不仅来源广泛、形式多样，而且生成环境各异、结构复杂、管理分散。

按照《机关档案管理规定》［国家档案局令（第13号）］，机关档案包括文书、科技、人事、会计、专业、照片、录音、录像、业务数据、公务电子邮件、网页信息、社交媒体和实物档案等门类。与之相对应，档案数据也可分为电子文书档案（或称文书类电子档案）、电子科技档案、电子人事档案、电子会计档案、电子专业档案、数码照片、数字录音、数字录像、业务数据、公务电子邮件、网页信息、社交媒体等门类。

　　档案数据按照不同的划分标准可分为不同的类型。按照信息形式分，档案数据可分为文本、图像、音频、视频、数据、程序、多媒体、超文本等。按照涉及业务领域分，档案数据可分为电子公文、电子证照、电子发票、电子合同、电子病历、电子图纸等。

　　按照数据类型分，有结构化数据、非结构化数据和半结构化数据。结构化数据指关系模型数据，即以关系数据库表形式管理的数据，通常采用标准化的格式，如 CSV、JSON 或 XML 等或其他类型的数据库（如 NoSQL 数据库）中；非结构化数据指数据结构不规则或不完整，没有预定义的数据模型，不方便用数据库二维逻辑表来表现的数据，如 Word、PDF、PPT 及各种格式的图片、视频等；半结构化数据指非关系模型的、有基本固定结构模式的数据，如日志文件、XML 文档、JSON 文档、E-mail 等。

　　档案数据不同分类之间的对应关系如表 1-1 所示。

表 1-1　　　　　　　　　档案数据不同分类之间的对应关系

档案门类	信息形式	数据类型
电子文书	文本	非结构化数据
电子科技	文本、图形、程序	非结构化数据
电子人事	文本、数据	非结构化数据 结构化数据
电子会计	文本、数据	非结构化数据 结构化数据
电子专业	文本	非结构化数据
数码照片	图像	非结构化数据
数字录音	音频	非结构化数据
数字录像	视频	非结构化数据
业务数据	数据	结构化数据

档案门类	信息形式	数据类型
公务电子邮件	文本	半结构化数据
网页信息	超文本、多媒体	半结构化数据
社交媒体	超文本、多媒体	半结构化数据

1.1.4　档案数据的管理

　　档案数据的管理是指将数据视为重要的信息资源，运用云计算、物联网、大数据、智慧工程等现代技术对数据资源进行有效的收集、处理、存储、挖掘和利用，保障数据长期可用，实现数据价值，提高组织运行效率和核心竞争力。数据管理能够有效激活档案数据，从中提取价值、探求知识、启迪智慧，"构建人的关联、物的关联、人与人的关联、人与物的关联、时空的关联，形成彼此连接、相互交错，网络状数据连接格局"。

　　当前，档案部门正在积极探索和开展档案"数据化"管理实践，将管理对象和管理方式向数据和数据化延伸。将档案"资源库"变成"知识库""思想库""智库"。从技术层面看，大数据、人工智能等数据技术的应用是智慧档案馆的技术表征；从管理对象看，数据化的档案信息资源是智慧档案馆的根基命脉；从管理方式看，细颗粒度的档案数据管理是智慧档案馆的支撑手段；从服务理念上看，智慧化的知识服务是智慧档案馆的价值目标。由此可见，数据化是智慧档案馆发育成长的基因，齐全完整、质量上乘的档案数据是智慧档案馆的核心生态因子，是智慧档案馆生存和发展的基石。

1.2　长期保存概述

1.2.1　长期保存的概念

　　在联合国教科文组织发布的《数字遗产保护章程》中，将数字保存定义数字保存是对以数字形式存在的信息和其他类型遗产的保护过程。由国家档案局发布的《中华人民共和国档案行业标准版式电子文件长期保存格式需求》文件中将长期保存定义为：长期保存是指用一种科学的、可靠合理的方式来长期维护电子文件的真实、完整和有效的行为。英国国家图书馆、美国研究图书馆组织（RLG）和联机计算机图书馆中心（OCLC）给出了几组定义，虽然在表述上有一定的差异，但其内涵都趋于一致，基本都认为数据的长期保存包含两层意思，即长期存储和长期可获取，其中，长期可获取包括技术层面的可获取和权利层面的可获取。

这与 IBM 以色列海法实验室对数据长期保存的定义也不谋而合。IBM 以色列海法实验室认为，数据的长期保存包含两个层面的含义，即比特保存（物理保存）与信息保存（逻辑保存），也就是说，要实现数据的长期保存，必须同时做到比特保存和信息保存。

（1）比特保存

比特保存，也叫物理保存，主要指在存储介质老化或逐步过时的过程中，或是在经历自然灾害后，人们恢复存储介质中所存信息的能力，重在解决硬件过时的问题。例如，由于保存环境不规范，导致备份存储介质损坏；由于备份存储介质老化或过时，导致数据无法读取；由于存储介质或存储设备的故障，导致数据破坏；由于地震、水灾、火灾等自然灾害的破坏，导致数据丢失；等等。比特保存的手段主要为维持存储介质的可读性，因而，围绕存储介质的技术，如备份、更新、载体迁移均可视为比特保存的范畴。

（2）信息保存

信息保存也叫逻辑保存，主要指在未来技术和用户群体发生变化的情况下，长期确保数据的可理解性和可用性，重在解决编码、语法，甚至部分语义过时的问题。比如，计算机技术升级导致数据无法解析，数据被管理平台"绑定"导致数据无法读取，电子全文与元数据信息分离导致数据不完整，病毒、黑客的入侵导致数据破坏。为此，逻辑保存既要维护数据的被解析能力，确保数据被解码之后能够被理解；又要维护数据的背景信息，以便确认其真实性和完整性。

　　档案数据长期保存的过程呈现出跨学科、强交叉性和低耦合度的特点，涉及数据摄入、存储系统、数据管理、内容管理、数据库系统、分布式文件系统、安全机制、统计管理等各个方面。因此，我们需要构建合理的保存体系、制定合理的保存策略、遴选合适的存储介质，面向多样化的技术环境，构建适应性广的档案数据长期保存系统，确保各种档案数据长期安全存储。

1.2.2　长期保存的期限

　　国际标准《空间数据和信息传输系统—开放档案信息系统（OAIS）—参考模型》（ISO 14721：2023）中对"长期"进行了如下定义：长期是虑及技术变化（包括支持新存储介质、新数据格式）和用户群体变化对典藏信息影响的足够长的时间段，这个时间段延伸到无限未来。

　　《基于文件的电子信息的长期保存》（GB/Z 23283—2009/ISO/TR 18492：2005）中对"长期保存"进行了如下定义：长期保存是指基于文件的电子信息保持可用性和真实性的期限。（注：这个时间可能是几年至几百年，主要取决于机构的需要和要求。对于一些机构，保存时间由管理者的需要、法定需要和业务需要而决定。对于档案馆这样保存公共文件的机构，保存基于文件的电子信息的期限通常为几百年。）

　　《版式电子文件长期保存格式需求》（DA/T 47—2009）中对"长期"的定义参照了国际标准《空间数据和信息传输系统—开放档案信息系统（OAIS）—参考模型》（ISO 14721：2012），其对"长期保存"的定义是"用一种可靠的、科学合理的方式长期维护电子文件真实、完整、有效的行为"。

　　对于档案数据长期保存的期限到底是多少年，以上标准尽管没有一个统一的、非常明确的说法，但我们认为，考虑到档案数据的重要价值属性，保存期限越长越好。当然，保存期限越长，档案部门的成本压力就越大。结合国内档案部门的现实情况，确定档案数据长期保存的期限至少需要 50 年，有条件的单位，特别是档案馆这种保存公共文件的机构，至少考虑 100 年以上的保存期限。

1.2.3　长期保存的目标

长期保存的目标是确保档案数据的信息长期存活及真实可信，并能够被未来的使用者所理解和应用。

美国佛罗里达图书馆自动化中心（FCLA）的普里西拉·卡普兰（Priscilla Caplan）在 2005 年提出了数字保存金字塔模型，较为详细地阐述了数字保存所要达到的层次目标。在模型中，从下到上，从基础要求到较高要求，数字保存活动需要达到一系列的层次目标，分别是确保数字对象的可获得性（Availability）、可识别性（Identity）、完整性（Integrity）、持久生存能力（Viability）、可呈现能力（Renderability）、真实性（Authenticity）和可理解性（Understandability），如图 1－1 所示。

图 1－1　Priscilla Caplan 的数字保存金字塔模型

确保档案数据的可获得性，意味着要对信息进行选择和管理，需要将有意义的信息纳入保存和管理的范围。

确保档案数据的可识别性，意味着其来源信息、身份信息是明确的。需要通过对档案数据来源、身份信息的描述，让它区别于其他数字对象。

确保档案数据的完整性，指的是档案数据的内容、结构乃至字节流都是完整的，不存在部分缺失、损毁的情况，也意味着档案数据是被有效保护、没有被非法修改的。

确保档案数据的持久生存能力，指的是档案数据不会因为技术的变化、组织的失效或其他自然及人类的影响而导致不可读取、损毁或不可用。

确保档案数据的可呈现能力，指的是要保证被保存的对象能够被用户所感知。例如，视频信息，可以正确地显示出来；音频信息，能够正确地播放出来。也就是说，对于不同类型的档案数据，要确保其能够以适当的方式和格式正确地呈现给用户。

确保档案数据的真实性，指的是被保存的信息与其最初状态的原始信息相比，是完整的并且没有被修改的。如果一份档案数据是真实的，至少需要保证信息的来源是可信的、内容的完整性能够得到有效维护，并且有相应的验证机制。

确保档案数据的可理解性，意味着要保证被保存的档案数据可以被指定的用户所理解。也就是说，需要通过对档案数据的内容属性、技术属性、结构属性和历史信息等的记录，让数字信息可以被后人理解。

上述七个档案数据特性的保障，明确了档案数据保存活动需要达到的七个活动目标，对于有效理解档案数据保存的概念有着重要意义。

1.2.4 长期保存的对象

国家档案局办公室在 2010 年 6 月发布的《数字档案馆建设指南》和 2014 年 11 月发布的《数字档案馆系统测试指标表》要求，数字档案馆建设应建立档案接收库、档案管理库、档案利用库和长期保存库。对于档案数据长期保存来说，其针对的是长期保存库，长期保存库中的档案数据应通过各种管理手段和技术手段来确保档案数据的长期安全保存。四库数据流关系如图 1-2 所示。

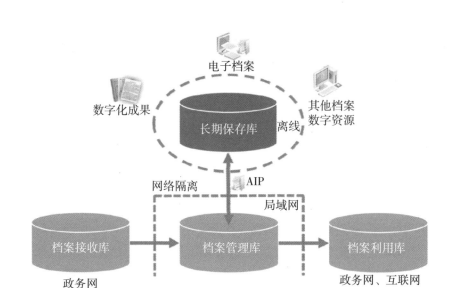

图 1 – 2　四库数据流关系示意

从图 1 – 2 可以看出，长期保存库的数据来源于档案管理库。档案管理库中需要长期保存的数据，首先应将其封装成保存信息包（AIP），再导入长期保存库进行长期保存。

1.2.5　长期保存的要求

（1）满足《中华人民共和国档案法》相关管理要求

电子档案与传统载体档案具有同等效力，可以以电子形式作为凭证使用。因此，《中华人民共和国档案法》规定，电子档案应当来源可靠、程序规范、要素合规，这对档案数据管理提出了基本要求。

来源可靠是指电子档案由经过授权和确认的法定形成者，在既定的业务活动中，在特定时间，使用安全可靠的系统形成。来源可靠要求档案数据的形成者、形成活动、形成时间可确认，负责形成、收集、整理、归档、保管、移交等工作的管理系统安全可靠，即档案数据由特定机构使用安全可靠的系统软件形成，没有发生被非法篡改或者误用过的情况，能够证明其用意、生成者或发送者、生成或发送的时间与既定的相符。

程序规范是指电子档案的形成、归档、保存和利用服务等过程遵循一定的制度规范要求，符合国家相关法规标准的规定。由于档案数据存储介质的易分离性、信息易变性和信息技术环境变迁，在整个生命周期内，档案数据存储介质、存储格式、编码构成甚至构成要素都有可能发生变化。在这种情况下，需要通过对管理过程的规范化控制来实现对管理对象的控制。档案数据是否遵守以及如何遵守规范的程序要求，可以通过详细的背景元数据和管理过程元数据来记录、追溯和审核。

要素合规是指电子档案的内容、结构、背景等构成要素符合规范要求。虽然不同种类的档案数据构成要素相同，但具体的构成内容有所区别，它们都需要满足构成要素的基本要求。

（2）满足"四性"要求

《电子文件管理暂行办法》（中办国办厅字〔2009〕39 号）中率先提出电子文件管理应当满足真实性、完整性、可用性与安全性的"四性"要求。《文书类电子档案检测一般要求》（DA/T 70—2018）、《党政机关电子公文归档规范》（GB/T 39362—2020）也引用了"四性"的要求，《中华人民共和国档案法》也明确规定，应当确保电子档案的真实性、完整性、可用性和安全性，"四性"要求已成为现行档案数据管理的基本要求。

真实性是指档案数据的内容、逻辑结构和形成背景与形成时的原始状况相一致的性质。真实性是档案数据的首要特征，是保证电子档案业务有效性和法律证据性的基础，包括形成过程真实和内容真实两个方面。

完整性是指档案数据的内容、结构和背景信息齐全且没有破坏、变异或丢失的性质。完整性是体现档案数据属性、档案管理要求的重要特征。

可用性是指档案数据可以被检索、呈现或理解的性质，是实现档案数据价值的前提条件。

安全性是指管理过程可控、数据存储可靠、未被破坏、未被非法访问的性质。安全性包括存储介质安全和信息安全两个方面：载体安全主要是指档案数据存储介质在存储、传输过程中没有损坏、没有丢失、未被破坏；信息安全主要是指档案数据的内容、结构未被非法访问、非法获得、非法操作。

严格来说，安全性与其他三个属性的划分维度并不相同，真实性、完整性以及可用性都是用于描述档案本身的属性，而安全性是针对档案管理的环境、档案载体、档案管理操作过程等相关因素提出的属性。

1.2.6 长期保存技术措施

从历史上曾经提出过的长期保存技术措施来看，长期保存技术包括计算机博物馆［系统（技术）保存］、风干、更新、再生性保护、仿真、标准化（格式转换）、封装、迁移，共八种。

（1）计算机博物馆

计算机博物馆（Computer Museum）又称为系统（技术）保存（Maintain original technology）。由于数据的读取及应用都依赖于系统软硬件平台，因此，为了对付硬件过时、软件技术不断更新的问题，人们提出了一种想法：收集技术过时前的计算机软硬件，同时保存计算机中的文件、硬件和原始的应用软件，并保持它们的生命力，利用它们来读取已经过时的技术设备中存储的信息。

这种方法看上去很完美，实则不可行，计算机软硬件环境更新换代速度太快，而且其本身寿命比较短，将这些计算机软硬件设备保存下来最终也只是留下了一堆废物。因此这种方法得不偿失，现在实际还在使用的已经是极少数。

（2）风干

风干（Dessication）是指从复杂数字对象中提取有价值的内容，只保存简单、低技术含量、机器易于还原和易于被人理解的数字对象格式的过程。基于风干的策略，就是在保存数字对象的原始版本之外，还需要保存一个简单、低技术含量、经过干燥处理的数据版本。举个最简单易懂的例子，就是把DOC 文档中的文字抽取出来，变成 TXT 文件格式进行保存。

这种方法从确保数字对象长期保存这一点上来看还是非常有效的，问题在于只保留数字对象的最小集必然破坏其原始性，并丢失很多有意义的信息，而且不可能保持数字对象原有的版式。因此，这种方法一般只会在某些特定的场景下应用（如关系型数据库转 XML 文件），而且在风干的同时还需要保存数字对象的原始版本，以保证数据的真实性和完整性。

（3）更新

在数据长期保存领域，更新（Refreshing）在很多时候和复制（Replication）通用，是指在原来的技术环境下实时重写信息数据，防止由存储介质理化性能变化而引起的信息损失。这是数据长期保存的一项基本方法，已被大量地应用于磁带、磁盘、光盘的备份和保存上。

更新是一项常规的数据管理工作，可以很好地解决由存储介质寿命较短导致的数据丢失问题，但并不能解决数据由于计算机软硬件过时所引起的长期保存问题，因此还需要和其他技术方法结合使用（如格式转换）。

（4）再生性保护

再生性保护技术是将过时的某些数据适时地转换到缩微品或纸介质上的一种保护措施。一般认为，转移到缩微品上会更可靠、更经济，因为缩微胶片的理论寿命达 500 年之久，目前时间最久的缩微胶片已经超过 140 年（拍摄于 1878 年的第一组连续动作胶片《飞驰中的萨利·加德纳》（《Sallie Gardner at a Gallop》），到现在依然可以流畅清晰地播放。在档案领域，从 20 世纪 80 年代开始，缩微技术就已经被广泛应用于档案管理，许多档案馆拍摄了大量的缩微胶片，在保护和抢救珍贵档案过程中发挥了重要作用，特别是在档案异质保存中占有重要地位，是较为理想的珍贵档案长期保存介质。

再生性保护技术存在的问题是，很多格式的数据（如数据库文件、三维CAD 文件、音视频文件等）根本无法转移到胶片或者纸上去，即使是图像格式也会造成信息损失，使数据失去原有的风格和魅力。但是，近年来推出的数字胶片技术有望解决这一问题。数字胶片技术利用电影胶片（感光介质）存储经过编码的二进制数值将数字信息直接写入胶片。数字胶片支持数字型、图像型和混合型的保存方式，数据主要保存形式为编码方式，打破原先只能保存图像格式的局限性，每帧编码都可以保存 2MB 以上任意格式的数据。

当然，不管是将数据输出到缩微胶片上、数字胶片上还是纸上，成本都是很高的，因此再生性保护技术一般只用于重要、珍贵的档案数据的异质备份和长期保存。

（5）仿真

仿真（Emulation）是用一个计算机系统模拟另一个计算机系统，使前者的功能完全与后者相同，即前者接收与后者相同的数据，执行相同的程序，获得相同的结果。虽然不能以模拟的方式来保存所有数据，但确实可以使部分数据获得精准重生。仿真技术适合于超文本、多媒体等复杂的以及其他依赖于特别的软/硬件而又无法在新、旧技术平台之间进行迁移的数字信息。仿真技术主要包括仿真应用软件、仿真操作系统、仿真硬件平台等。传统的仿真技术对技术环境的要求很高，要建立一个和原系统一模一样的仿真系统难度非常大，而且在技术更新周期不断缩短的现实环境中，努力开发一个执行过时的软硬件的系统显然是不合适的，因此仿真技术的应用范围比较有局限性。

随着虚拟化技术的逐步成熟，通过制作虚拟化管理软件环境中的运行软件包可以较为方便地建立仿真系统，但是虚拟化软件本身对软硬件环境也有一定的依赖性，投入的成本与其产生的效果不对等，因此仿真技术在数据长期保存中的应用前景并不乐观。

（6）标准化

标准化（Standardization）是将数据转换成一种或者多种主流标准格式，可以供各种各样的系统和软件共享。由于标准化主要针对数据的文件格式，这种方法也被称为格式转换（Format Conversion）。使用这种方法时，目标标准格式的选择是关键，《版式电子文件长期保存格式需求》（DA/T 47—2009）中给出了版式电子文件长期保存格式应满足的十一项需求：格式开放、不绑定软硬件、文件自包含、格式自描述、显示一致性、持续可解释、稳健性、可转换性、利于存储、支持技术认证机制、易于利用。

由于数据的文件格式在转换成标准格式时不可避免地会造成部分信息的损失，这是一种为追求保存期限而牺牲部分信息的交换方法，但由于实施成本较低，而且方便易行，它是目前采用得较为广泛的技术措施。

（7）封装

封装（Encapsulation）是在对数据进行存储、传输、分发之前所进行的数据打包、压缩、分组编码等技术过程。在数据封装过程中，被封装对象所依赖的运行环境（如动态链接库 DLL）也会被一起打包，从而确保在其他环境下也能正常打开或运行该封装包，如图 1－3 所示。在档案信息化领域，档案封装是指对档案数据及其元数据按指定结构打包的过程，被国内外档案界普遍认为是保持档案数据和元数据可靠联系的最有效的方法。档案封装可以使得封装格式和计算机的软硬件环境无关，利于档案数据长期保存、交换和利用，实现了档案数据的自包含、自描述和自证明。封装包格式很多，包括 VEO 封装包、EEP 封装包、METS 封装包等。

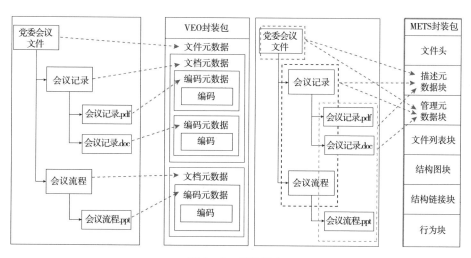

图 1－3　封装示意

封装技术并没有解决数据对象（电子文件）本身的长期可用问题，当外部环境发生变化，封装包中的数据对象依然存在不可用的风险，因此需要和其他技术（如格式转换、迁移）结合使用。

（8）迁移

迁移（Migration）是根据软硬件技术的发展将数据从一种技术环境转移到另一种技术环境的过程，也意味着基于字符的信息可以从一种（个）存储介质转移到另一种（个）存储介质上，以进行数据的长期保存。迁移主要包括存储介质的迁移（如将数据从磁盘迁移到固态硬盘）和运行环境的迁移（如将数据从 Windows 系统迁移到 Linux 系统，或者从 Oracle 数据库迁移到 MySQL 数据库），在迁移的同时根据需要可以完成数据的文件格式转换。

迁移被普遍认为是当前保持数据长期可用的真正切实可行的技术措施。但数据在新旧系统中不断重复迁移的过程中，可能会产生部分信息损失，应该通过迁移策略和质量控制过程来尽量避免或减少迁移过程中的信息损失。迁移过程包含迁移规划、风险评测、迁移准备、迁移实施和迁移校验五个阶段，系统越复杂，迁移的压力就越大，因为需要确保每个阶段的策略能够得到准确无误的执行。迁移也不是一劳永逸的技术措施，每当数据所依赖的系统运行环境发生变化的时候就需要发起新一轮迁移操作。

从上述介绍中可以看出，目前世界上并没有一种一劳永逸的技术措施能够彻底解决数据长期保存的问题，每种技术措施都有各自的优劣势和应用场景，很多场景都需要多种技术措施的组合应用。

1.3 档案数据长期保存的特点

鉴于档案数据的系统依赖性强、与介质易分离、存储密度高、信息易篡改、信息可共享等特点，结合长期保存的要求，档案数据的长期保存具有以下特点。

1.3.1 档案数据需要超长的保存周期

在本书 1.2.2 节中已经阐述，考虑到档案数据的重要价值属性，保存期限宜长不宜短，当然，保存期限越长，档案部门的成本压力就越大。结合国内档案部门的现实情况，确定数据长期保存的期限为 50 年是比较合适的。有条件的单位，特别是档案馆这种保存公共文件的机构，保存期限宜确定在 100 年以上。

在现有计算机技术发展的速度下，形成电子文件的系统一般 5～10 年后就趋于淘汰，存储档案数据的传统存储介质如硬盘、磁带等的寿命通常也只有 5～10 年，而档案数据的保存周期是从数十年到永久，大大超过了普通计算机系统中所产生数据的保存周期。

1.3.2 档案数据具有严格的保存要求

档案数据中包含涉密信息及大量的敏感信息，在长期保存过程中必须要做好对档案数据的访问控制，杜绝泄密事件的发生。另外，为了确保档案数据长期保存的安全，国家档案主管部门要求对档案数据进行异质、异地多套备份，因此档案数据的长期保存要求与普通的计算机数据的保存要求要严格很多。

1.3.3 档案数据形式类型非常丰富

档案数据中既包含目录数据，也包含档案全文，而档案全文的格式非常多，包含文本文件、图像文件、图形文件、音频文件、视频文件、数据库文件等。由于档案数据具有环境依赖和与存储载体可分离的特点，因此档案数据必须依赖于一定的设备和技术环境才能识读。然而，技术更新日新月异，在档案数据长期保存过程中必须考虑各种格式文件的兼容性问题，以确保档案数据能正确打开、正常浏览。

1.3.4 档案数据的容量非常大

在"存量档案数字化、增量档案电子化"工作推进的背景下，档案数据越来越多，特别是在单套制管理普及之后，各类业务系统形成的电子文件直接归档保存，电子档案数量呈现指数级增长态势。国家档案局《2022 年度全国档案主管部门和档案馆基本情况摘要》统计数据显示，全国各级国家综合档案馆现有馆藏档案数字化副本 28069.0TB、馆藏电子档案 2372.9TB，其中，数码照片 220.0TB，数字录音、数字录像共 1040.0TB。档案数据在不断累积和指数级增长的情况下，未来的数据量将越来越大，因此需要考虑的是海量档案数据的长期保存问题。

基于以上档案数据长期保存的特点，因此需要通过选择各种不同类型的存储介质，综合应用各种长期保存技术，建立长期保存策略和机制，以确保档案数据长期安全保存。

1.4　档案数据长期保存面临的挑战

超长的保存周期、严格的保存要求、复杂的数据形态和超大的数据容量使档案数据的长期保存面临真实性、完整性、可用性和安全性等多个方面的挑战。

真实性挑战包括电子档案存储介质可以重复"擦写"，计算机数据可以被不留痕迹地修改，电子档案内容与存储介质的分离导致"原件"概念不再适用等；完整性挑战包括对电子档案数字对象和元数据的完整性维护、电子档案各组成部分的关系维护、电子档案之间关联关系的维护等；可用性挑战包括计算机技术变革导致的电子档案存储介质无法读取或电子档案内容无法读取解析，电子档案被技术平台"绑定"导致无法迁移等；安全性挑战包括灾害灾难威胁、人为破坏盗取篡改、病毒的破坏、存储设备故障、存储介质损坏和误操作导致电子档案损毁等。

我国 1982 年第三次人口普查的原始数据因遭水淹，99% 已经无法读出，这些保存在磁带上的数据涉及大约 10 亿人口的基础信息。美国航空航天局1976 年发射的"海盗"火星探测仪上的计算机中所获数据有 20% 已经丢失，另有 4000 卷统计数据因存储格式模糊也处在危险之中，档案保管人员担心无法将数据恢复。2005 年，卡特里娜飓风引发的洪水使墨西哥湾一带的图书馆建筑遭到不同程度破坏，其中杜兰大学图书馆是受灾最重的大学图书馆，150万缩微胶片浸泡在水中长达三个星期，最后只有大约 1.8 万得到了修复，总损失超过了 3000 万美元。

这些触目惊心的数字与事件揭示了档案数据存储载体的脆弱与重要性。如何科学、有效、长期、安全地保存这些珍贵的国家历史是档案部门面临的巨大挑战。

1.5　国内外研究现状

本节从相关基础研究、存储介质的分析选择研究、存储系统研究、长期保存系统研究、长期保存策略研究、实践应用研究六个方面对档案数据长期保存研究现状进行梳理和分析。

1.5.1　相关基础研究

档案数据长期保存是一项长期而重要的工作，也是国内外学术界广泛关注的研究热点。数据长期保存的基础理论研究主要集中在标准制定、规范完善、框架模型建立、体系构建等方面。

国外，较早开展数字资源长期保存研究的国家是美国、澳大利亚、荷兰等。1991 年，瑞士、挪威、丹麦、芬兰、冰岛五个国家的档案馆就对电子文件的保护与存取问题进行了调研，并在此基础上出版了《电子文件的存取与保护》大型研究报告。之后，国外学界也开展了深入的理论研究，相关组织制定了一系列规范和标准。1994 年，欧洲保存与获取委员会（European Commission on Preservation and Access，ECPA）成立，作为研究数字信息长期保存与获取的最大跨国协会，旨在共同研究各种类型文献的检索能力以及信息保护问题。2003 年，联合国教科文组织（UNESCO）发布《保存数字遗产宪章》，指导数字文化遗产保护工作的开展。当下，数据长期保存最为重要的标准是国际空间数据系统咨询委员会（CCSDS）制定的 OAIS 参考模型，它是数字保存领域的 ISO 标准（ISO 14721：2012），为数据长期保存提供了清晰的理论框架与流程指南，标志着数据长期保存由单纯的技术探讨向标准化、规范化保存方向转变。

国内的数据长期保存研究始于 21 世纪初。钱毅指出，美国推出的 OAIS 模型具有参考意义，介绍了 OAIS 形成的基本过程与作用，OAIS 模型提出了信息模型、功能模型、互操作模型和长久保存的管理策略，这些对我国数字档案馆系统技术路线的选择和总体管理策略的搭建都具有直接的指导作用。为简化关系数据库存档，瑞士联邦档案馆制定了关系数据库软件独立归档（Software Independent Archiving of Relational Databases Suite，SIARD）解决方案，我国制定的《档案关系型数据库转换为 XML 文件的技术规范》（DA/T 57–2014）参考了该方案的数据库归档格式标准。该标准规定了档案关系型数据库转换为 XML 文件须遵循的格式和要求，实现数据库归档文件的格式开放和独立于软硬件保存。谢永宪等提到，根据实践的需要，国内外已经出台了一批专门指导长期保存工作的标准和指南，包含专用格式、系统构建、元数据等内容可用的标准和指南体系，如《版式电子文件长期保存格式需求》（DA/T 47—2009）、《基于文件的电子信息的长期保存》（GB/Z 23283—2009）、《空间数据和信息传输系统—开放档案信息系统（OAIS）—参考模型》（ISO 14721—2023）等。刘越男和吴云鹏指出，区块链要在档案数据保存中成功应用，首先需要解决哈希值持续有效，构建合适的区块结构，和相关技术相互集成，选择合适的共识机制，保持区块链节点的相对稳定，保证区块链数据的长期可用、可验证，档案机构存在应用区块链提升档案数据管理水平的内外要求等问题。

1.5.2　存储介质分析选择研究

常见的主要存储介质可划分为磁（硬磁盘、磁带）、光（光盘）、电（SSD，即固态硬盘）、缩微胶片等类型。存储介质的选择和规划是长期保存的重要基础，相关研究内容根据文献汇总分析如下。

张静等提到，新西兰国家档案馆 2020 年发布的《数字存储和保存最佳实践指南》，通过制定相应指南来规范档案数据载体的选择。该指南指出数字信息和文件存储主要有三种方式：①在线存储，如云存储；②离线存储，如存储在磁带、CD、DVD、闪存驱动器（U 盘）、存储卡等移动存储介质；③近线存储，如本地磁带库或云存储。

张静等还指出，当前常用的存储载体在主要性能指标上各有特点，适合存储的数据类型也不尽相同。单一种类的存储介质很难满足海量档案数据的长期保存，所以，集成磁存储与电存储的磁光电混合型存储为档案数据长期保存提供了新的解决方案。

张天航也提到了存储介质是朝着单位体积容量大、受环境影响小、读写速度快、使用便捷等方向发展的。在分析方法上，陈苏琪和刘雨娇提到，我国以及美国、澳大利亚等国家大都使用定性的分析方法来指导档案工作者选择合适的存储介质，英国等极少数国家会采用定量的分析方法。

微信公众号"数字罗塞塔计划"的《档案数字资源常见存储载体寿命考证》一文中指出，硬磁盘作为档案数据离线存储介质的寿命为 5 年，磁带作为档案数据存储介质的寿命为 10 年，档案级可录类 DVD 光盘的寿命为 20 年，档案级可录类蓝光光盘的寿命为 30 年，胶片的保存寿命可达 500 年。

在国内，《电子文件归档与电子档案管理规范》（GB/T 18894—2016）提出，宜采用磁带进行电子档案近线备份、灾难备份，应采用一次写光盘、磁带、硬磁盘等进行离线存储。《数码照片归档与管理规范》（DA/T 50—2014）中推荐数码照片档案长期保存的存储介质宜采用硬磁盘、磁带、一次写光盘。行业标准《城市轨道交通工程文件归档要求与档案分类规范》（DA/T 66 - 2017）提出，采用离线归档方式的电子文件应采用一次写光盘、磁带、硬磁盘等进行存储。

1.5.3 存储系统研究

存储系统是档案数据长期保存的关键技术。良好的存储系统要满足数据海量化和快速增长的需求，并具有适应网络环境复杂性、高扩展性和各种介质的兼容性，以满足档案数据长久保存的要求。

蒋术提出，存储技术是档案数据的保护手段。档案馆是信息化社会中的特殊机构，信息资源的存储和利用受到广泛的关注。在异质、异地备份的基础上，可以尝试不同的存储技术，如 SAN 存储（存储区域网络）、云存储等。多重的备份技术与手段降低了档案数据存储介质的依赖程度。

"基于磁、光、电多种载体的海量数字档案资源长久保存技术的研究和实践"项目课题组设计了海量档案数据长久保存系统技术方案，开发了磁光电一体化海量档案数据长久保存系统，分成需求分析、系统设计、编码开发、系统测试、系统部署等几个阶段。

"蓝光存储在电子档案长期存储中的应用研究"项目课题组提出，硬盘、磁带等磁性存储方式，存在介质损坏、环境要求苛刻、能耗过高、无法避免数据丢失等问题，不适合档案数据长期保存。所以，国内外厂商将光存储视为档案数据长期存储的最佳方案。在发展初期，CD、DVD 光盘有容量及材料技术等问题，但随着蓝光技术的成熟，光存储技术的存储密度、物理防护技术提升，完全达到了海量数据长期存储的使用要求。项目课题组开展了蓝光存储技术的研究工作，研究内容包括蓝光存储原理、蓝光存储介质、蓝光存储设备、蓝光存储特性以及蓝光存储的未来发展趋势等。存储技术发展的目标是提高存储容量、密度、可靠性和数据传输的效率，目前，全息体存储、蓝光存储以及基于超分辨率近场结构存储是主要的研究方向。

1.5.4　长期保存系统研究

结合研读的国内文献发现，目前国内学者主要是针对长期保存的技术和系统构建进行研究。

黎梓羌提到，公司档案信息系统在使用中逐渐暴露出很多问题。主要是电子档案存储系统建设得较为分散，且电子文件管理功能不能充分发挥，电子档案存储系统满足不了数字化电子档案长期存储的需求。电子档案长期保存在的问题逐渐显露，如维护电子档案数据长期存储成本较高、电子档案数据质量难以控制、电子档案存储系统安全风险高、电子档案的保密性和长久性不足等。所以，存储系统、存储方案以及存储介质的选择，对于电子档案信息的长期存储尤为重要。

谢永宪等根据调查数据得出，我国只有28.8%的国家综合档案馆自行研发了档案数据长期保存的系统或功能模块，这说明档案数据长期保存的系统、模块建设情况不容乐观。

1.5.5 长期保存策略研究

做好档案数据长期保存工作意义重大，国内外的学者对档案数据长期保存策略开展了研究。

王秀芝认为，目前针对档案数据保存较常用的方式主要有数字迁移、数字仿真、数字保存的认证三种维护技术。

郑晓丹和蒋东明指出，美国NARA发布了四份针对2017—2022年度档案保存的策略文件，构建了从传统纸质档案资源保存到数据保存、从档案保护到遗产保护与研究的策略框架。

杨帆和王强介绍了中石油从建设数字档案长期保存系统的过程中得到几点启示：中石油档案管理系统遵循OAIS参考模型建设可持续框架，建设适用的数字档案长期保存系统，建设基于认证的数字档案长期保存管理体系，合理选择长期保存工具与技术策略，打造数字档案长期保存共赢生态。他们还提出迁移方式主要有两种：物理迁移（存储介质迁移）和逻辑迁移（文件格式迁移），迁移管理策略要结合企业自身情况制定。典型的封装结构或模型有METS数据编码和传输格式封装、VEO封装、XML封装。我国制定了相关行业标准，《电子档案移交接收操作规程》（DA/T 93—2022）、《基于XML的电子文件封装规范》（DA/T 48—2009）规定，一般采用基于XML的封装方式组织档案数据。

白嘉兴提到，要建立数据备份和恢复机制，在日常的数据信息系统的管理中要重视数据备份，防止出现各种灾害带来的损失。

王昀提出，档案数据存储介质的保护分成内外两部分。对内保护介质本身，为介质提供一个适宜的保存环境，通过调节温度、湿度，加强防光、防尘、防磁保护，延长使用寿命；对外要提升管理水平，制定管理制度，加强维护人员的管理能力，避免人员疏忽对介质的破坏。

钱毅总结了数据态档案长期保存的基本策略，它包含四个方面：态别不同选择的保存管理级别也不同、构建解读数据语义的微生态、描述语义表达方式是数据态的保存核心、对数据态业务前端数据提出可保存性的要求。

微信公众号"数字罗塞塔计划"的《数字资源长期保存技术概览（上）》一文中提到，从历史上曾经提出过的长期保存技术措施来看，长期保存技术无外乎计算机博物馆［系统（技术）保存］、风干、更新、再生性保护、仿真、标准化（格式转换）、封装、迁移八种。

1.5.6 实践应用

自 21 世纪以来，国外档案数据长期保存的研究和实践取得了长足进步，逐步从理论研究、技术试验向更深入的实践方向发展。欧美等主要发达国家从国家战略层面组织档案数据长期保存研究和实践工作的开展，研究出了较为成熟的保存系统，构建起可靠的保存服务，形成了较大规模的保存联盟。中国也在积极应对档案数据长期保存提出的挑战，国内一些有一定信息化基础的档案馆和企业已开始进行对档案数据长期保存的实践探索。

以下精选了国际、国内各三个，共计六个档案数据长期保存方面的案例，并对每个案例进行简要分析。

（1）美国电子文件档案馆项目

①项目简介。电子文件档案馆（Electronic Records Archives，ERA）是美国国家档案和文件管理署（National Archives and Records Administration，NARA）专门针对联邦政府电子文件的持续采集和永久保存而开发的项目。NARA 于 1998 年开始启动该项目，目标是建立一个自动化程度很高的集成系统，

在实现提供数据利用的同时，管理、维护各种类型的电子文件，并保证其真实性、完整性和长期可读性。经过 10 年的调研准备和开发建设，ERA 系统（ERA Base System，本书称之为 ERA 1.0）于 2008 年全面上线运行，具备了支持联邦机关向 NARA 提交审核保管期限表、移交电子文件以及电子文件接收、处理、长期保存和开放利用等基本功能，截至 2015 年，已拥有超 200 个 NARA 用户和 800 个联邦机关用户，收录超过 20 亿份文件，共计 500TB 的数据，是美国联邦政府最核心的档案数据管理系统。

然而，一方面，ERA 1.0 未完全拥有长期保存等数字档案馆系统的全部功能；另一方面，美国联邦政府电子文件形成和管理的外部环境处于快速的变化中，NARA 的电子文件接收与长期保存等业务需求较系统开发时发生了巨大变化。为更好地履行其法定职责，2015 年，NARA 正式启动 ERA 2.0 项目，建设新一代联邦政府数字档案馆系统。ERA 2.0 于 2020 年建成并全面上线。EAR 2.0 较 EAR 1.0 做了以下方面的改进。

A. 满足公众对档案数据的利用需求。一方面要开放更多的档案数据；另一方面要优化在线利用交互渠道，为公众提供更加灵活多样的资源检索和获取路径。

B. 使电子文件的移交工作流更加便捷、灵活和可靠。

C. 提高 NARA 内部人员对 ERA 中尚未向公众开放的其他（涉密）档案信息的检索利用效率。

D. 优化电子文件的接收、存储、元数据更新等 ERA 基础功能模块。

E. 优化 ERA 系统的整体架构，使之更具包容性、可扩展性，并能够提供更高效率的档案管理与存储服务。

ERA 2.0 的开发同样遵循了 OAIS 参考模型，继续完善"存取工作区""存储工作区""查询工作区"的功能，并针对档案数据的移交审批、进馆处理和长期保存三大功能，设计了三大核心模块，即"业务对象管理（BOM）""数字处理环境（DPE）""数字对象仓储（DOR）"，作为 ERA 2.0 系统开发的核心任务。

从 BOM 对联邦机关原生电子文件和纸质档案数字化转化版本实施的进馆准备到 DPE 对档案数据的进馆接收和批量处理，最终到 DOR 对档案数据的可信长期保存与开放利用，ERA 2.0 实现了对档案数据的自动化管理。

同时，ERA 2.0 也满足了 NARA 发布的机关电子文件移交指南（NARA Bulletin 2014 – 04）的要求，该文件要求所有联邦机关必须通过 ERA 向 NARA 提交文件保管期限表，并根据审核结果移交电子文件。这使得 NARA 的电子文件接收范围迅速扩展到了所有联邦机关。同时，移交类型扩展，移交格式愈发多样，除了文本数据、结构化数据、数字静态图像、幻灯片、地理空间信息、电子邮件和网页数据等常见数据类型外，新增了数字视频、数字动画、计算机辅助设计等数据类型，每类电子文件都明确了推荐格式、可接受格式及其压缩算法，共 10 类约 70 种格式。NARA 还保留了对其他不在指南范围内的电子文件类型或格式的解释余地，并表示会根据技术和业务变化持续更新移交类型和格式范围。

②总结分析。ERA 不仅是一个系统建设项目，更是数字时代 NARA 开展日常业务的基础平台，是档案管理人员的基本工作场所，是实现 NARA 文件档案管理政策规范化的基地。因此，NARA 高度重视这个数字档案馆系统的持续改进，从 ERA 1.0 到 ERA 2.0，NARA 延续了标准引导的优良传统，坚持立足于业界既有的最佳实践，遵循 OAIS、PREMIS、TDR、TRAC 和 DRAM-BORA 等数字保存国际标准；坚持集成开源软件，整合使用 PRONOM、DROID 和 JHOVE 等常见技术工具。与此同时，NARA 更加注重自我修正，以开放的姿态积极拥抱新理念、新技术，放下了开发单一超级系统的超高期望，取而代之的是提供一整套相互独立、可复用、互操作的软件和工具的务实做法。在这一理念的指引下，NARA 采用更为灵活、经济的敏捷方法论，微服务技术架构和云计算服务等，整合更多样化的工具，推行灵活高效的工作流设计以及简单便捷的自动化处理，创建安全可靠的档案数据长期保存环境，并考虑未来可能出现的管理需求，扎实提高系统的能力。

（2）欧盟 PLANETS 项目

①项目简介。2006 年 6 月，欧盟的科学家在诺克斯地堡（瑞士军方于 20 世纪 40 年代在冰天雪地的阿尔卑斯山区伯尔尼高地建造的一个军事建筑设施）创建了一个名为 PLANETS（Preservation and Long – term Access through Networked Services）的项目，位于地堡中的数据中心不仅防火防震，而且防核爆、防辐射。PLANETS 项目旨在通过网络服务进行长期数据保存和获取，是由欧盟资助的多个机构共同参与的一个为期四年的项目。该项目的目标是解决数字保存问题，通过开发一系列实用的服务和工具，并通过最尖端的 IT 技术和确保万无一失的安全保障机制，帮助人们长期获得数字文化和科学资产等数据。

PLANETS 项目融合了欧洲国家图书馆、档案馆、领先的研究型大学和科技公司等 16 个合作伙伴的专业知识。该项目的工作分为六个独立的子项目，包括保护规划、保护行动、保护特征、试验台、互操作性框架以及传播和培训。2010 年，项目组将一个密封舱放进了诺克斯地堡的核心部位，密封舱里保存有穿孔卡片、微缩胶片、软盘、磁带、CD、DVD、USB 和蓝光介质等存储介质，其中存储着由 16 个合作伙伴提供的大量科学研究成果和数字文化宝藏。伴随这些电子文件存储的还有相应的文件转换工具、阅读器及各种详细的描述和说明文档。

PLANETS 认为，数字保存分为被动保存和主动保存两大类。其中被动保存通过多个备份来保存数据，它确保了数据被保留。但是，由于信息技术的发展速度已经远远超过了数据存入的速度，加上系统升级换代、格式不断变化，被动保存已不能保证数据在将来是可读的或可理解的。主动保存是在数据备份的基础上，使用常规数据迁移方法或提供仿真工具，当 IT 系统升级换代时就及时执行迁移、转换等操作或者提供仿真工具，以确保在必要时可以读取、访问和理解数据。

在实际操作过程中，由于主动保存的方式比较复杂，而且在执行过程中可能会存在一定的风险，所以大部分的数据保存机构依然以被动保存为主，他们仅仅是把数字保存视同为"数据存储"。但是 PLANETS 发现，不同行业对待这一问题的态度存在差异：对于企业而言，重点是数据存储和即时获取；对于政府及公共部门来说，则需要积极保存和长期获取。

PLANETS 倾向于主动保存，通过提供一种可扩展的集成框架来满足从保存计划到行为实施，再到评估验证的一系列服务，朝着先进、集成和自动化的关键数字保存过程的目标迈进：包括提供对保存规划工具的访问，并允许用户在受控环境中对样本数据进行测试，用以评估保存活动的可行性；提供数字保存工具来执行迁移和转换，并覆盖数据的广泛格式；为规模较小的机构提供在线数字保存服务，以降低这些机构用于数字保存的投入成本；建设数字保存社区并提供培训指导服务，让保存机构深入了解数字保存的整个过程，并扮演相应的角色进行操作模拟。

②总结分析。PLANETS 项目联合欧洲范围内有影响力的单位来共同面对数据长期保存所面临的挑战。PLANETS 提供数字保存的集成方法，帮助用户认识数字保存的目标和政策，理解资源集合的特性，将不满足要求的格式对象转换成期望的格式，并在遗留的操作系统中运行软件。PLANETS 提供了一种可扩展的集成框架来满足从保存计划到行为实施，再到评估验证的一系列服务需求。

由于数字信息存储对软硬件设备具有依赖性，PLANETS 项目除了需要保存大量的电子文件之外，还需要针对每类文件准备专门的阅读器、说明文档和文件转换工具用于解读。通过这个项目，科学家们想给未来的研究人员永久保存一些可以用来重建和拯救我们历史的有用资料，以延续人类的文明。

（3）澳大利亚 PANDORA 项目

①项目简介。PANDORA（Preserving and Accessing Networked Documentary Resources of Australia）项目，即保存和访问澳大利亚的网络文献资源项目，是澳大利亚国家图书馆（National Library of Australia，NLA）1996 年就发起的一个针对网络资源存档的数据长期保存项目，一直延续至今。

PANDORA 项目是互联网时代针对虚拟空间中数字文化遗产长期保存和社

会记忆传承提出的新课题，它基于社会记忆的视角，提出了网络信息资源管理的新方向，主张对有重要价值的网络信息资源进行归档，以留存互联网上的澳大利亚记忆。为此，PANDORA 项目组制定了网络信息资源的归档政策、归档流程和框架，自主研发了网络信息资源归档系统，形成了澳大利亚数字信息长期保存和利用的多方协作机制。

PANDORA 项目的基础目标：根据已经制定的资源选择指南识别和选择澳大利亚重要的联机出版物并对之进行编目；与出版这些出版物的出版商协调工作，捕获其出版物的副本并保存到 NLA 的数据中，以供长期保存；在遵从公平交易规则的前提下使用户可以利用数据；在充分考虑出版者的商业利益的前提下向远程用户提供对资源的访问；维持长期保存联机电子出版物的原貌；在保持以往版本的基础上更新资源的元数据信息；随着版本的变化将出版物转换成新的格式。

PANDORA 项目的深层目标：致力于就扩大版权和法定呈缴制度与出版商进行磋商；建立澳大利亚联机出版物的永久命名系统，以克服失效链接问题；实现用基于都柏林核心元数据集的系统描述存档文件，使信息的联机检索更有效；与其他图书馆合作建立澳大利亚国家数据库。

PANDORA 项目原则：有适合 NLA 整体馆藏发展政策的资源选择标准；资源收集工作由 NLA 和各个参与馆共同承担；在资源存档前获得资源出版者的许可；对存档的每个资源进行编目，目录同时包含在国家图书馆目录、国家书目数据库和 PANDORA 网站上，提供多种资源发现途径并与其他信息资源进行整合；对存档的每一个出版物进行严格的质量检查，以确保其能够被正确地捕获。

NLA 始终坚持在 PANDORA 存档建设中采取合作共建的方法，并积极促成澳大利亚国家图书馆、各州图书馆以及其他文化机构的参与，组建了澳大利亚国家及州图书馆联盟（National and State Libraries Australasia, NSLA）。NSLA 现已拥有十多个成员，包括澳大利亚各州立图书馆、北方图书馆、国家声像档案馆、澳大利亚战争纪念馆、澳大利亚国家美术馆，以及澳大利亚原住民及托雷斯海峡居民研究所、维多利亚州立图书馆、北领地图书情报处等机构。

②总结分析。PANDORA 项目是网络信息长期保存项目中一个较为成功的案例，其目标明确、保存主体分工合理、保存平台适用性强、网站运行稳定、用户利用情况良好，为网络信息长期保存提供了不少可供借鉴的启示。

对于 NLA 和其他研究性保存机构而言，馆藏建设应满足未来几十年或几个世纪的利用者的需求。NLA 根据已经制定的数据长期保存政策，开始对其数字馆藏的风险进行评估，并与其他组织合作继续积极开展数字保存相关研究。

（4）国家数字科技文献资源长期保存体系

①项目简介。国家数字科技文献资源长期保存体系（National Digital Preservation Program，NDPP）是由国家科技图书文献中心（National Science and Technology Library，NSTL）主导，中国科学院文献情报中心、中国科学技术信息研究所、北京大学图书馆等共同参与，以国家主导、联合参与、可靠管理、公共服务的原则为指导建立的面向国内外数字科技文献资源的长期保存体系。

随着数字化网络化的普及，数字文献资源已经成为科技领域的主流信息资源，学术期刊和会议录已经形成以数字出版为主的形态，学术专著也迅速走向数字出版，同时多数开放出版期刊以数字版为其唯一正式出版形态（e - only）。由于科技学术资源的迅速数字化趋势，数字科技文献已经成为科技用户使用的主流资源。在我国科研教育机构中，数字文献的使用率已经远远超过印本文献。主要科研教育单位均已将数字文献作为自己的主流科技文献资源，并不断削减纸本文献的订购数量。但是，与传统的文献资源相比，数据资源需要特别的监护和管理。

2013 年 7 月，科技部批准了 NSTL 上报的关于 NDPP 建设的报告，要求由 NSTL 牵头组织实施，以 NSTL 主要成员单位和少数重要高校为核心进行 NDPP 的建设工作。

按照 NSTL 长期保存建设领导小组的部署和总体工作组的计划安排，2014年开展国家数字科技文献资源长期保存示范系统建设：选择若干种具有典型意义、示范作用和一定规模的国外数字科技文献资源，实现这些重要数字科技文献资源的长期保存；针对可信赖的长期保存体系要求，提出 NDPP 的任务规划、法律授权、技术体系、流程组织、经济投入、公共服务、认证检验、继承转移等的管理机制；结合示范系统建设经验，完善我国数字科技文献资源长期保存的总体战略和实施机制。

通过为期两年的示范体系建设，NSTL 进行了大规模在实践运营情况下的规划、管理、技术、经济和服务测试，为全面开展我国数字科技文献资源的长期保存奠定了基础，推动数字科技文献资源长期保存成为我国科技文献基础平台可靠的有机组成部分。2016 年，NDPP 进入扩展建设期，扩展了北京大学图书馆作为第三个保存节点，初步形成了国家分布式协作保存网络。

②总结分析。数字科技文献资源已经成为我国科技创新主要机构的主流信息资源，并在逐步成为支撑我国科技创新发展的基础战略资源。数据长期保存已经成为国家科技自主创新能力的重要保证和国家科技安全的重要体现。数字科技文献资源的长期保存体系建设事关我国科技文献保障与服务的大局。NDPP 的建成初步实现了重要科技文献资源的中国本土保存，从而为保障国家科技信息安全目标的实现提供了可能。

（5）苏大苏航档案数据保全中心

①项目简介。苏大苏航档案数据保全中心坐落于苏州大学文正校区，由苏州大学文正学院、苏大苏航档案数据保全有限公司共同构建，按照国际 A 级机房标准设计，占地 1000 平方米，包括主机房、辅助区、支持区、行政管理区。数据保全中心致力于为数据长久保存提供服务，以先进的技术实力和专业化的运营平台确保数据长久保存的真实性、安全性、可用性；以高规格的建设标准、稳定的电力保障、强大的专业团队、高效的管理方法和完善的安全服务，为档案数据安全保驾护航。

据原载于《中国档案报》上的报道《苏州大学推出首个对外服务档案数

据保全平台》中的描述，该平台是国内首个对外服务的档案数据保全平台，能够解决现有电子档案数据在保管过程中出现的载体过时、数据丢失损毁、数据状态无法获知等问题，实现了对档案数据的安全监管。

近年来，档案数据丢失、泄密事故频发，档案数据的长期安全保管和证据保全已成为档案界面临的巨大压力。传统的保管备份方式无法对数据的存在状态做出及时判断和保护，为此必须依靠数据保全技术，运用数据扫描、分析、智能报警、实时监控、动态备份等多种技术手段对数据进行实时监控，达成数据的长期安全保管的目的。档案数据保全是继档案数字化工作之后档案信息化的又一个战略目标，是保障档案数据长久安全的必要手段。对于有异地备份需求的用户，数据保全中心可提供异地备份服务，解决异地备份数据不清楚、用户不了解、安全保障不到位的问题。

②总结分析。据相关资料介绍，苏大苏航档案数据保全中心推出的保全平台能够实现对档案数据的实时监测、实时预警、实时保全、实时修复，确保档案数据在长期保存过程中的完整、准确、安全、可用。为了将来的功能扩展考虑，保全平台不是单纯地对档案数据进行保全，还将进一步推进对档案数据格式、存储平台的研究和跟踪，定期发布预警报告和迁移方案，真正从管理和技术两方面实现对档案数据的安全保管。

（6）数字罗塞塔计划项目

①项目简介。由苏州石头记智能科技有限公司的杨安荣博士联合国内知名投资机构发起的数字罗塞塔计划（Digital Rosetta Plan，DRP）是一项利用数字胶片、蓝光存储、玻璃存储等技术，解决数字资源长期保存的国产化替代问题的科技攻关工程项目，以实现"保存社会记忆，传承人类文明"的最终目标。

该项目自 2022 年 1 月正式启动，分为两个阶段。

第一阶段：2022 年 1 月至 2024 年 12 月，历时 3 年，主要完成数字胶片国产化全套设施研制。本阶段项目同时是 2022 年度国家档案局重点科技项目"档案数字资源备份策略及数字胶片技术应用研究"的重要组成部分，目标是以"产、学、研、用"相结合的方式，探索数字胶片技术在档案数据备份中的应用，着力为档案数据备份工作提供新的解决方案。目前第一阶段数字胶片设备研发工作（数字胶片技术从档案数据写入到胶片冲洗，到读取，再到保管的全套设备研制）已顺利完成，第一代样机已研制成功，并在上海市档案馆进行实地检测。数字胶片全套设备包括数据写入设备、胶片冲洗设备、数据读取设备（专业级、桌面级）共三类四套设备。数字胶片技术继承了传统缩微胶片技术的优势和特点，并通过引入新时代的光学影像技术，以高密度数字编码图像来保存数字信息，使胶片技术在数字时代焕发了新的生命力。对档案数字资源保存而言，具备了保存寿命长、安全性高、技术依赖低、保存内容灵活、维护成本低和能耗低等突出优势，有望在档案数字资源的长期保存和异质备份中发挥重要作用。

第二阶段：2025 年 1 月至 2027 年 12 月，计划 3 年，目标是完成蓝光光驱国产化替代研发或者玻璃存储写入、读取、存储全套国产化设备研制。目前，数字罗塞塔计划项目组正在进行前期的可行性研究，待技术、资金、团队准备完毕之后择机启动。

②总结分析。数字罗塞塔计划项目立足于数据长期保存领域，重点聚焦在数据存储载体方向进行国产化替代研发，研制合适的存储载体用于国家战略性数据的长期保存，同时研发配套的写入、存储、读取设备，以实现技术成果转化，进而实现工程化、产业化。

数字罗塞塔计划的研发方向包括但不限于数字胶片、蓝光存储和玻璃存储。其中，数字胶片可以用于珍贵重要数据的长期保存和异质备份，蓝光存储用于海量冷数据的近线或离线存储；玻璃存储是数字时代的罗塞塔石碑，也是目前最前沿的冷数据存储技术，未来有望真正解决重要数据的永久保存问题。

2 档案数据保存现状及存在的问题

本章聚焦于上海市档案馆及上海各区级档案馆档案数据的保管现状，指出目前档案数据长期保存中存在的主要问题。

2.1 档案数据保存现状分析

本小节重点聚焦于上海市档案馆及上海各区级档案馆档案数据的保管情况，从数据量情况、存储备份情况、存储介质保管情况等方面进行了详细调研和深入分析。

2.1.1 数据量情况

（1）上海市档案馆数据量情况

上海市档案馆自 1998 年开始进行馆藏纸质档案的全文数字化工作，截至 2023 年年底已完成 217 万余卷（件）档案的数字化扫描。另有照片档案 36 万余幅、录音档案 6596 卷（件）、录像档案 2034 卷（件）、光盘档案 19440 卷（件），其中照片档案和录音、录像档案已全部完成数字化加工。总计有档案条目超 2000 万条，馆藏档案数字化副本近 2 亿幅。

自 2015 年后，上海市档案馆陆续推进电子档案接收进馆工作，至今已构建覆盖市级单位、连通各区档案馆的一体化档案接收、管理、保存、利用体系，截至 2023 年年底，档案数据（含档案数字化副本和电子档案）数据量已达到 80TB 及以上。

（2）上海市各区级档案馆数据量情况

上海市各区级档案馆近年来均陆续开展馆藏纸质档案的全文数字化工作，截至 2023 年年底，全市 16 个区级档案馆已完成纸质档案数字化扫描 8 亿余幅，另有照片档案数字化扫描 75 万余幅，录音、录像档案数字化转录 13 万余卷（件），累计档案数据（含档案数字化副本和电子档案）量已达到 287TB。

2.1.2 存储备份情况

（1）上海市档案馆存储备份情况

根据档案数据访问读取的频率要求，上海市档案馆采取在线存储、近线存储、离线存储三种存储方式。

在线存储采用磁盘阵列分布式存储系统，以集群存储的方式在内部网络共享，可随时登录内网访问，方便档案数据的查找利用。该存储方式通过将文件分散到多个磁盘中实现多个磁盘的并发传输，以达到提高数据访问速度的目的。此外，还可通过冗余磁盘来确保数据安全，即当有磁盘损坏时，能通过数据重建手段恢复丢失的数据，因此，可靠性也非常高。上海市档案馆自 2005 年开始采用磁盘阵列系统进行在线存储，在 2011 年和 2018 年因设备更新而进行过数据迁移，两次迁移均未发现档案数据的损毁、丢失现象。

近线存储采用光盘库作为存储设备。光盘库由光盘架、自动换盘装置和光盘驱动器组成。相比于磁盘阵列，光盘库的价格较低，但访问速度较慢，适用于不常用到或访问量不大的档案数据。上海市档案馆的光盘库目前用于存储和管理照片档案，其数据量较小，使用方便，也可将光盘从光盘库里单独取出、脱机读取。

离线存储采用价格相对较为低廉的 LTO 磁带库，用于存储备份档案数据。在使用过程中也出现了因 LTO 磁带更新迭代而产生的兼容问题，如 LTO 磁带只能向下兼容一代，导致现有的 LTO6 的设备无法读取原先购买的 LTO4 磁带。另外，LTO 磁带受温度、湿度等环境条件和读取频次等因素影响较大，易导致脱磁等现象进而无法使用。

上海市档案馆的档案资源总库系统建立在内部工作网中，采用分布式存储设备保存档案数据，通过备份一体机将档案数据备份至光盘库和磁带库上，具体的拓扑图如图 2－1 所示。

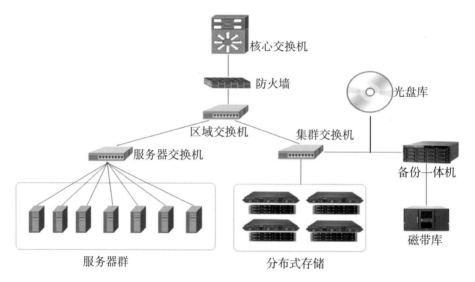

图 2－1 上海市档案馆存储备份设备拓扑图

上海市档案馆存储备份设备参数如表 2－1 所示。

表 2－1　　　　　　　　上海市档案馆存储备份设备参数

名称	品牌型号	说明
磁盘阵列	火星舱智能存储系统	磁盘存储为主体，用于全文数据存储，总存储容量为 200TB，已用容量为 80TB
备份一体机	火星舱存储备份系统 MSA－SHA－C16	安装备份管理软件，配置了 350TB 的磁盘存储，用于在线备份，已用容量为 80TB
光盘库	JVC	光盘，用于数据备份
磁带库	Oracle SL3000	磁带，用于数据备份

上海市档案馆基于以上存储备份设备，具体的存储备份方式如下。

①磁盘阵列分布式存储系统：在线存储 1 套数据，在线备份 1 套数据，均采用磁盘存储。

②光盘库：目前用于存储和管理照片档案。

③磁带库：基于备份一体机离线备份至磁带库 1 套数据，按照备份策略执行。

上海市档案馆目前的数据备份周期如表 2 – 2 所示。

表 2 – 2　　　　　　　　　　上海市档案馆数据备份周期

备份方式	备份周期
全备份	利用国庆、春节等长假进行全备份
增量备份	每周末对每周更新的数据进行增量备份
离线备份	在利用国庆、春节等长假进行全备份的同时，也进行离线备份

（2）上海市各区级档案馆存储备份情况

各区级档案馆一般采用硬磁盘存储、备份数据，个别区档案馆采用硬磁盘与磁带相结合的方式。存储方式一般为在线与离线相结合。每年至少 1 次全备份，个别区档案馆做到了每天增量备份和每月 1 次全备份。16 个区级档案馆的备份总量达到 760TB。

2.1.3　存储介质保管情况

上海市档案馆的数据存储介质以硬磁盘为主，辅以一定数量的磁带和光盘。

其中磁盘作为档案数据的主存储介质以及主备份介质，在分布式存储中保存一份数据作为在线存储，在备份一体机中保存一份数据作为在线备份。

磁带全部存放在磁带库设备中，主要用于主存储系统的数据备份，通过备份软件按照一定的策略执行增量备份和全备份。每年上海市档案馆和各区级档案馆都会备份一定数量的离线磁带送到重庆市进行异地保管。

光盘主要是市级立档单位脱机移交的数据载体，市档案馆接收数据之后由保管部在光盘柜中统一保管。

2.2 档案数据保存存在的问题分析

通过对上海市档案馆及各区级档案馆馆藏档案数据保管现状的调研和分析，现阶段档案数据长期保存主要存在以下几个问题。

（1）档案数据数量激增

近年来，我国在法律法规保障方面不断取得突破，使电子文件归档与电子档案管理的路径逐步打通，电子档案在各级档案部门大量汇集。

以上海市档案馆为例，上海市档案馆自 2011 年建设分布式存储系统，2018 年扩容至 400TB 裸容量，因采用两副本模式，实际可用容量为 200TB，目前已使用 80TB，冗余 120TB。当前存储系统主要存放数字化馆藏档案，单个文件几十个 kB，2014 年提高精度后单个文件 200～300kB，截至 2023 年年底已超过 2 亿个文件。待接入文书档案、专业档案（音视频档案）、脱贫攻坚档案、防疫档案、国有企业退休职工人事档案、一网通办档案、立档单位档案后，总体数据量预计将超过 500TB，远远超过现有可用容量。

档案数据的容量呈指数级激增，需要更多形式和数量的存储设备，如何存储如此庞大的数据是档案部门面临的问题。

（2）现有的档案数据存储备份介质不能满足长期保存的要求

目前，上海市档案馆和各个区级档案馆使用的存储备份介质主要是硬磁盘和磁带。硬磁盘用于档案数据的在线存储和在线备份，磁带用于档案数据的离线备份。但是，硬磁盘的寿命一般为 5 年左右，磁带的寿命在 10 年左右。现有的存储备份介质的寿命与档案数据长期保存的期限（数十年到上百年，甚至永久）相差甚远，存储备份介质本身无法满足档案数据长期保存的要求。

根据调研情况，上海市许多存储档案信息的存储备份介质已经使用了多年，部分存储载体的使用时间已经接近理论使用寿命，如果超出其使用寿命，数据丢失的风险将大大增加。

（3）软硬件技术快速的更新迭代致使档案数据的识读遭遇挑战

档案数据的识读依赖于合适的软硬件环境，而技术在不断发展，软硬件更新升级迅速，档案数据的存储格式又具有多样性和易变性，档案数据往往和格式、软件、硬件捆绑在一起，即使存储介质完好，软件的技术过时也会造成许多旧的硬件设备无法与新的软硬件系统环境兼容，这就造成了一些档案数据的不可识读。设备老化和技术的频繁更新给档案数据长期保存带来的问题比载体寿命带来的问题更为严重。

据调研，个别档案信息已经出现了因软硬件技术更迭问题而无法读取的情况。由于档案数据包含大量国家机密和重要敏感信息，涉及政治、经济、文化、科技、军事等各个方面，一旦这些数据遭到破坏或丢失，将给国家及档案事业带来难以估量且无法弥补的损失。

（4）库房环境控制水平参差不齐

国家对保存档案数据的库房环境和存储介质的存储与工作环境都制定了相关的标准规范。根据《档案馆建筑设计规范》（JGJ 25—2010）中的相关规定，一般档案库房的温度为 14~24℃，相对湿度为 45%~60%。常用存储介质，如磁带、磁盘和光盘的环境要求见表 2-3。

表 2-3		常用存储介质环境要求		
存储介质	温度范围	温度变化	相对湿度范围	相对湿度变化
硬磁盘	14~24℃	±2℃	40%~60%	±5%
磁带	14~24℃	±2℃	40%~60%	±5%
光盘	4~20℃	±2℃	20%~50%	±5%
胶片	≤21℃	±2℃	20%~30%	±5%

可见，相比于传统的纸质档案，档案数据的存储介质有着更为严格的温度、湿度要求，此外还有防火、防潮、防磁、防尘、防紫外线、防有害气体、

防有害微生物等要求。实地调研发现，大多数档案部门设有保存档案数据的专用库房并采用了防磁柜，但仍有一部分档案馆由于资金有限，没有条件建立专门的档案数据存储库房，将档案数据载体与纸质档案并存，这样非常不利于档案数据的保管、保存。

（5）档案数据长期保存维护工作量大、成本高

由于现有的硬磁盘、磁带等存储备份介质的寿命不符合长期保存的要求，因此，在档案数据长期保存过程中，需要不断对存储介质进行检测、对存储数据进行迁移等，数据维护的工作量非常大。存储设备达到保存期限后，要对设备进行升级、换代，需要重复投入大量的设备采购成本，再加上人工运维成本、设备运转所需的电力资源成本等，需要投入的成本非常高。

（6）档案数据遇到丢失、损坏等情况无法及时发现

档案数据具有易修改、易删除的特点，并且在修改、删除之后也不容易被发现。在档案数据长期保存的过程中，由于病毒入侵、黑客攻击，其极有可能遭到非法篡改和恶意破坏，还有由于人为操作失误造成数据丢失、设备的故障造成数据损坏等情况。在现有的长期保存管理模式下，由于缺乏定期检测的机制，这些现象往往并不能及时被发现，可能给档案管理部门带来无法估量的损失。

（7）档案数据异质备份的问题还未考虑

实现重要档案异质备份是档案数据长期保存中一项非常重要的工作。2021年施行的《中华人民共和国档案法》明确规定，"电子档案与传统载体档案具有同等效力，可以以电子形式作为凭证使用"，电子文件单套归档和电子档案单套制管理将成为今后的发展趋势。在单套制管理背景下，如何实现重要档案异质备份一直是困扰档案部门的问题。把电子档案全部打印成纸质档案进行异质保存显然不现实，既不经济，也不便于管理。因此在档案数据长期保存的规划中，档案数据异质备份的问题也必须统筹考虑。

（8）核心技术被国外垄断，档案安全威胁持续存在

目前，磁盘、磁带、光盘等存储介质的核心技术多由外国公司掌握，导

致各地档案部门使用的存储设备和对应的软件系统多为国外品牌。蓝光光盘和磁带的相关组织及标准也由国外行业牵头成立与制定。技术上的不可控使存储信息的保密性和安全性受到了严重威胁。在这种国际局势复杂多变、关键核心技术受制于人的背景下，一旦爆发大规模技术封锁，我国档案数据就可能会出现存量数据无法读取、增量数据无处可存的风险。

2020 年，中央经济工作会议明确要求，针对产业薄弱环节，实施好关键核心技术攻关工程，尽快解决一批"卡脖子"问题。因此，我们应尽快规划自主可控的信息技术研究，同国内对电子文件存储有迫切需求的行业合作。统一组织全国档案数据存储介质科研攻关工作，同时完善档案存储设备的检测标准、介质选择标准，为档案部门合理选择、使用电子档案存储介质提供依据。

3 档案数据存储介质及耐久性分析

本章在对传统存储介质及其发展趋势研究的基础上,重点对适合档案数字长期保存的存储介质的耐久性进行研究,分析影响存储介质耐久性的关键因素。

3.1 传统存储介质概述

3.1.1 总体概述

目前,市面上主流的存储介质包括磁存储介质、光存储介质、电存储介质、胶片存储介质四大类,每类存储介质又包含一些细分类型,如表3-1所示。

表3-1　　　　　　　　　常用存储介质分类

介质类型	子类型	细分类型
磁存储	磁带	录音带、录像带、数据流磁带
	磁盘	软磁盘、硬磁盘
光存储	光盘	CD、DVD、BD
电存储	固态硬盘	固态硬盘(固定式)、固态硬盘(移动式)
	U盘	U盘
	Flash卡	CF卡、SD卡、TF卡等
胶片存储	缩微胶片	缩微胶片

下面对各类存储介质的发展过程、技术原理、分类和特点进行具体分析，并着重分析应用于企业级存储市场的存储介质。

3.1.2 磁存储介质

（1）发展过程

相对于其他存储技术，磁存储技术发展最早，历史最长。1888 年 9 月 8 日，奥伯林·史密斯（Oberlin Smith）在英国《电气世界》杂志上发表了最早的关于磁介质的建议，"采用磁性介质来对声音进行录制"。1928 年，德国德雷斯诺工程师弗里茨·普弗勒默（Fritz Pfleumer）发明了"会发声的纸"——录音磁带。1947 年，美国工程师弗雷德里克·菲厄（Frederick Vie-he）第一个申请了磁芯存储器的专利。1952 年，IBM（国际商业机器公司）发布了一台全新的磁带存储设备（型号 726），拉开了磁带发展的序幕。1956 年，IBM 设计了世界上的第一款硬盘 IBM 350 RAMAC（Random Access Method of Accounting and Control），它体积庞大，使用了 50 张 24 英寸的盘片，容量仅为 5MB。随后出现了存储分工：磁盘用于在线存储，磁带用于离线存储。1973 年，IBM 又发明了温彻斯特（Winchester）硬盘 3340，使用了密封组件、润滑主轴和小质量磁头，这便是现代硬盘的原型。1983 年，苏格兰 Rodime 公司发布了世界上第一款 3.5 英寸硬盘。1988 年，诺贝尔物理学奖得主艾尔伯·费尔（Albert Fert）和彼得·格林贝格（Peter Grunberg）发现了巨磁电阻效应，随后 IBM 推出磁阻（Magneto Resistive，MR）技术，硬盘工作效率得到大幅度提高。1997 年，全球首个基于巨磁阻效应的读出磁头问世——IBM 推出的磁阻变化率更大的巨磁阻（Giant Magneto Resistance，GMR）磁头，具有超强的灵敏度，为硬盘存储密度的提高排除了读取障碍。2007 年，日立（2003 年收购了 IBM 硬盘事业部）率先推出了 TB 级别的硬盘，这是存储技术的一个重要里程碑。经过多年的发展，硬盘的体积不断缩小，3.5 英寸磁盘成为主流，同时存储容量快速提升，几乎以每年 100% 的速度增长，单盘容量已达 20TB，是目前最主要的存储介质。

关于软磁盘，1967 年 IBM 发明了软盘，作为替代硬盘的另一种选择。1971 年，IBM 发布了世界上第一个软盘设备——IBM 23FD 和第一个软盘，软盘直径为 8 英寸，存储容量为 80kB，只读模式。1980 年，日本索尼推出了 3.5 寸软盘。1982 年，微软基于索尼的 3.5 英寸软盘标准制定了统一的行业标准。1997 年，Imation（怡敏信）开发了超级磁盘驱动器和软盘（也称为 LS - 120），第一个 Super Disk 软盘的容量为 120MB，后期版本的容量为 240MB。随着硬盘技术的不断发展，软盘逐渐被淘汰。2009 年 9 月，索尼宣布已经在当年上半年全面停产 3.5 英寸软驱，其彻底退出市场。

（2）技术原理

磁存储技术的工作原理是通过改变磁粒子的极性来在磁性介质上记录数据，是一种非易失性存储。在读取数据时，磁头将存储介质上的磁粒子极性转换成相应的电脉冲信号，并转换成计算机可以识别的数据形式，进行写操作的原理也是如此。

（3）分类和特点

由于软磁盘已经退出市场，目前磁存储介质主要包括磁带和磁盘。

①磁带。磁带是一种用于记录声音、图像、数字或其他信号的载有磁层的带状材料，比较常见的磁带有录音带、录像带、数据流磁带等；存储市场上常说的磁带是指数据流磁带。磁带存储技术中用于记录数据的磁带与用于读写记录在磁带上的数据信息的磁带驱动器是可分离的，磁带可脱机单独存放，执行读写操作时需要提前将磁带加载到磁带驱动器中。磁带通过涂布在磁带表面的磁性颗粒记录数据，以数据读写方式为顺序记录和快速定位读取。磁带不易受颠簸、地震等震动的影响，具有良好的加密机制，在对需长时间保存的海量静态归档数据的存储上有一定的优势。

用于海量数据存储的企业级磁带技术主要包括开放标准的 LTO Ultrium 技术、IBM 公司的 TS1140/TS1150 和甲骨文公司的 T10000C/D 等，其中 LTO 技术因为属于开放技术和具有高性价比而被用户广泛接受，成为市场主流和使用最广泛的企业级磁带存储技术。目前，市场上在用的 LTO 磁带存储产品以

LTO‐4、LTO‐5、LTO‐6、LTO‐7、LTO‐8为主，主要生产厂家有索尼、富士和IBM。

在档案数据存储领域，磁带主要用于大容量档案数据的离线备份。磁带存储主要具有如下优点和缺点。

A. 优点。

成本低：磁带存储设备的购买、维护和存储成本较低，介质可重复利用。

能耗低：磁带的保存对电力的消耗较低，新的"绿色"磁带驱动器的功率大约为5W。

体积小、易携带：磁带有比较高的便携性，属于可移动的媒介，质量轻，占用空间小。

B. 缺点。

保存环境要求高：温度、湿度、磁场和灰尘会导致磁带变形、退化、粘连、发霉、磁化和磁层磨损，每间隔2～3年需要倒带一次。尘土也会使记录有信息的磁层磨损，重放时易出现信号跌落、噪声增大的现象。激烈的碰撞和外部强磁场都会使磁带中的磁性分子的排列发生变化而导致数据丢失。

读写速度慢：磁带库在读取数据时，是采用线性寻址方式在定位数据位置，寻址速度慢，即需要将磁带倒转到数据记录的目标位置，所需时间要用分钟来计量，不能满足档案数据非连续性快速访问的需求。

兼容性差：磁带格式不兼容，LTO最多只能向下兼容两代，这就导致如果老磁带设备被淘汰，磁带上的数据将无法被读取。如果按LTO公布的路线图看，每两年换代一次，那么磁带最多6年就会因为兼容问题而面临淘汰。

②磁盘。磁盘是指利用磁记录技术存储数据的存储器。磁盘是计算机主要的存储介质，可以存储大量的二进制数据，断电后也能确保数据不丢失。早期计算机使用的磁盘是软磁盘，俗称软盘；现在计算机常用的磁盘主要是硬磁盘，俗称硬盘或机械硬盘。

磁盘主要由用于存储数据信息的磁盘片、用于读写数据信息的磁头、用于盘片转动的电机、磁头控制器、磁盘控制器、数据转换器、接口部件、数据缓存和磁盘控制软件等几个部分组成。一般磁盘内都有多个盘片，每个盘片的正反两面都能记录数据信息。一个磁盘内盘片越多、每个盘片上磁道越多或者每个磁道上磁介质密度越高，则数据信息存储容量就越大，数据记录速度就越快。

目前，市场上主要的磁盘生产厂商有希捷、西部数据和东芝，其主要生产四类企业级硬盘：15000 转 3.5 英寸 SAS 硬盘、10000 转 2.5 英寸 SAS 硬盘、7200 转 3.5 寸 NL-SAS 硬盘和 7200 转 3.5 英寸 SATA 硬盘。

磁盘能实现档案数据的快速记录和读取，因此在档案数据存储领域，磁盘主要用于大容量档案数据的在线存储。磁盘存储主要具有如下优点和缺点。

A. 优点。

读写速度快：磁盘对数据的存储、访问、检索等操作非常迅速，读写速度可达到 400MB/s。

存储容量大：随着硬盘的不断发展，单块硬盘的容量已经达到 20TB。

B. 缺点。

介质寿命短：硬磁盘的寿命一般在 5 年左右，因此在一个较长时间内保存数据就需要不断迁移数据、更换硬盘。在设备成本和电力消耗等方面的成本较高。

环境要求高：硬盘工作过程中需要电力持续供给，同时，需要冷却系统对环境进行降温，电力能源消耗大。

安全性较低：档案数据需要保持其原始性，但硬盘记录是可以被更改的，会面临黑客攻击或人为修改的风险。

3.1.3 光存储介质

（1）发展过程

光存储技术是在 20 世纪 70 年代初发展起来的一项高新技术。荷兰飞利浦公司的研究人员率先使用激光光束进行记录和重放信息的研究。1972 年，这项研究取得成功，面向新闻界展示了可以长时间播放电视节目的 LV（Laser

Vision，激光视盘）光盘系统。

1982 年，飞利浦公司和索尼公司成功开发了记录有数字声音的光盘，被命名为 Compact Disc，又称 CD – DA（Compact Disc – Digital Audio，数字激光唱盘），简称 CD 盘。1985 年，飞利浦公司和索尼公司开始将 CD 技术应用于计算机领域。1987 年，国际标准化组织（ISO）在 High Sierra 标准的基础上经过少量修改后，将其作为 ISO 9660，成为 CD – ROM 数据格式编码标准。1993 年，CD 影像化，并加入 MPEG – 1 数位影像压缩技术，成为 VCD（Video Compact Disc，视频压缩盘片）。

1994 年，DVD（Digital Video Disc，数字视频光盘）光盘推出，这也是继 CD 光盘后出现的一种新型、大容量的存储介质，单盘容量达到 4.7GB。1999 年，可读写 DVD – RW 产品诞生，首台 DVD – RW 驱动器推出。

2002 年，以索尼公司为首的研究团队开始策划和研发蓝光光盘（Blue – ray Disk，BD）。2006 年，蓝光光盘及相关产品正式问世。单层单面的蓝光光盘存储容量达到 25GB，是 DVD 的 5 倍以上，而在使用双面多层技术后，其容量还能成倍提升，目前市场上已经有单盘 200GB 容量的蓝光光盘。

（2）技术原理

光存储技术是用激光照射介质，通过激光与介质的相互作用使介质发生物理、化学变化，从而将信息存储下来的技术。光存储技术以二进制数据的形式来存储信息，定义激光刻出的小坑代表二进制的"1"，而空白处则代表二进制的"0"。

光驱的主要部分就是激光发生器和光监测器。光驱上的激光发生器实际上就是一个激光二极管，可以产生对应波长的激光光束，然后经过一系列的处理后射到光盘上，经由光监测器捕捉反射回来的信号，从而识别实际数据。如果光盘不反射激光，则代表那里有一个小坑，从而识别出二进制的"1"；如果激光被反射回来，则识别出二进制的"0"。光盘在光驱中高速转动，激光头在电机的控制下前后移动，光盘中存储的数据就这样源源不断地被读取出来了。

（3）分类和特点

光盘是完全不同于磁性载体的光学存储介质，用聚焦的氢离子激光束处理记录介质的方法存储和读取信息。按照光盘的读写功能，可以将光盘分为两类：一类是只读型光盘，包括 CD – Audio、CD – Video、CD – ROM、DVD – Audio、DVD – Video、DVD – ROM 等；另一类是可记录型光盘，包括 CD – R、CD – RW、DVD – R、DVD + R、DVD + RW、DVD – RAM、Double layer DVD + R、BD – R、BD – RW 等各种类型。企业级存储用的光盘是可记录型光盘，常用于电子文件存储和归档的可记录型光盘又可分为一次写多次读光盘和多次写多次读光盘。根据光盘技术采用的激光波长的不同，光盘分为 CD、DVD 和蓝光光盘等几种类型，这几种类型的光盘在结构上有所区别，但主要原理是一致的。

CD 光盘目前已经停产，但历史保有量较大；DVD 光盘还在生产，但使用已经越来越少；蓝光光盘正处于推广应用期，在档案数据存储领域应用得越来越多。因此，下面重点对蓝光光盘进行详细介绍。

蓝光光盘是继 DVD 之后的下一代光盘格式之一，用于高品质影音存储以及高容量的数据存储。蓝光光盘的命名是由于其采用波长 405nm 的蓝紫色激光光束来进行读写操作（传统 DVD 采用 650nm 波长的红光读写器，CD 则采用 780nm 的波长）。蓝光极大地提高了光盘的存储容量，对于光存储产品来说，蓝光提供了一个跨越式发展的机会。

蓝光光盘与传统 DVD 光盘的技术参数对比如表 3 – 2 所示。

表 3 – 2　　　　蓝光光盘与传统 DVD 光盘的技术参数对比

主要技术参数	蓝光光盘	DVD 光盘
激光波长	405nm（蓝紫激光）	650nm（红色激光）
记录容量	25 ~ 500GB	4.7GB
数据传输速率	60MB/s	11.08MB/s
盘片直径	120mm	120mm

续　表

主要技术参数	蓝光光盘	DVD 光盘
盘片厚度	1.2mm （表面透明保护层厚度0.1mm）	1.2mm
开口率（NA）	0.85NA	0.65NA
资料追踪格式	凹槽记录（槽内）	凹槽记录（槽内）
轨道间距	0.32μm	0.74μm

　　档案级蓝光光盘实质上是一种可录类蓝光光盘，其耐久性远远超出普通光盘，同时，其他各项技术指标均优于工业标准。因此，它是一种非常好的档案数据长期保存的存储介质。

　　档案级蓝光光盘包括 BD 和 AD 两种。BD 就是我们常说的蓝光光盘，按照蓝光光盘联盟（Blu-ray Disc Association，BDA）制定的统一标准生产并接受其管理和监督。BDA成立于2002年2月，最初是由索尼、松下等13家企业组成的一个联盟，负责制定及开发 DVD 之后新一代光盘格式"BD 光盘"的定义、规则、系统、应用及未来发展等，其他发起单位还有戴尔、惠普、日立、LG 电子、三菱、先锋、飞利浦、三星电子、夏普电子、TDK 等，截至2021年年底，BDA 的全球会员单位已经超过250家，国内主要的蓝光存储设备生产厂商易华录、紫晶存储、苏州互盟等也都是 BDA 的会员单位。一个单层的 BD 光盘容量为25GB 或27GB，而双层的 BD 光盘容量可达到50GB 或54GB，容量为100GB 或200GB 的 BD 光盘一般为3层或6层。目前市场上已经在推广使用的最大单盘 BD 容量为200GB（6层，也即双面各3层），而适用于档案数据长期保存的是单面3层容量为128GB 的档案级 BD 光盘，这是因为档案领域的应用一般需要进行盘面打印，双面 BD 光盘不适用。

　　AD 光盘（Archival Disc，AD）同样采用波长为405nm 的蓝紫色激光来进行读写操作，于2014年3月由索尼和松下公司联合启动研发，并于2015—2016年首次实验性地推出300GB 光盘，用于各自公司的光盘库产品。AD 光盘英文名翻译过来就是"归档光盘"，从一开始就定位在数据归档存储领域，不考虑消费级市场的需求，其容量相对于 BD 光盘有显著提升。目前，市场上有 300GB、500GB 两种容量，为 3 层记录双面光盘制式，其中 300GB 容量的 AD 光盘轨道间距减小为 225nm，数据位长度减小为 79.5nm，并对平台（Land）和沟槽（Groove）同时刻写。500GB 在 300GB 的基础上进一步加大了数据位的单位密度。300GB 带来的轨间串扰错误通过 Reed – Solomon（RS）纠错码算法纠正；500GB 带来的符号间干扰错误则通过偏最大似然率算法来矫正。此外，AD 光盘正反面同时读写，因此，记录方向相反。客观而言，AD 光盘的技术路线是在 BD 光盘基础上的升级，其在保持光盘材质基本不变的情况下，通过缩小轨道间距、提高记录密度大幅度提升了单盘容量，也提升了蓝光存储的综合竞争力。AD 光盘相比于 BD 光盘具有一定的优势，是蓝光光盘技术未来的重要发展方向之一。

但是，如果不开放，再先进的技术对于用户而言也存在风险，数据存储毕竟不是消费级市场，特别是对于档案数据这样重要而敏感的国家战略信息资源而言，相关产品和技术受制于某家公司或者某些国外机构的情况是绝对无法令人接受的。因此，目前市面上普遍使用的蓝光光盘为 BD 光盘。

在档案数据存储领域，蓝光光盘主要用于档案数据的近线存储、离线备份。蓝光存储主要具有如下优点和缺点。

A. 优点。

介质寿命长：蓝光存储介质可靠，寿命长，高质量的光存储介质寿命至少可达 30 年。

成本低：与电存储器、硬盘、磁带等几种存储介质相比，光盘具有单位存储容量成本低的显著优势。光存储可通过多层、多阶、多维及纳米超分辨等多种存储技术手段，使存储密度显著提高到 TB 级，单位存储容量的成本有望进一步降低。

环境要求低：蓝光存储在保存信息时几乎不消耗能量，仅在读写时耗能，而且无须空调散热。在长期保存的情况下，光存储的能耗只有硬盘存储的 1/500。

安全性高：蓝光存储是典型的 WORM（Write Once Read Many，一次写多次读）存储，并且具有抗自然灾害、抗磁暴、抗人为数据删除的优点。

B. 缺点。

访问速度较慢：由于需要将光盘加载到光驱中，光盘在数据读取时，访问速度要比硬盘慢得多。

介质不可重复利用：蓝光存储采用一次写入、不可擦写的记录方式，介质无法多次重复利用。

3.1.4　电存储介质

（1）发展过程

世界上最早的全电子化存储器是 1947 年在曼彻斯特大学诞生的威廉姆斯 – 基尔伯恩管（Williams – Kilburn Tube），其原理是用阴极射线管在屏幕表面上留下记录数据的"点"。从那时起，计算机内存开始使用电存储技术并经历了数代演变。

1966 年，IBM 公司的科学家罗伯特·登纳德（Dr. Robert H. Dennard）提出了 1T1C cell 尺寸缩小理论，被称为内存之父。1970 年，全球第一个可获取的 DRAM（Dynamic Random Access Memory，动态随机存取存储器）芯片诞生了。1973 年，全球第一个带有 1T1C 结构的 DRAM 芯片出现了。

从 20 世纪 70 年代开始，主流的集成半导体存储器 SCM（Semiconductor Memory）主要分为三类：动态随机存取存储器（DRAM）、静态随机存取存储器（SRAM）和闪存（FLAS）。支持多次擦除和重复编程的闪存出现于 1984 年，目前它已被广泛用于各种消费类设备、企业系统和工业应用的存储、数据传输。闪存可以较长时间保存数据，即使断电关机也不受影响，其制造技术目前已经从 2D 转向 3D（3D NAND），以增加存储密度。

除了主流的电荷捕获（Charge Tarp）存储器外，近年来，铁电存储器（FRAM）、相变存储器（PRAM）、磁存储器（MRAM）和阻变存储器（RRAM）等新技术不断出现。铁电存储器与 DRAM 类似，是基于电荷存储机制，传统的铁电存储器由于存在微缩化的问题，仅仅在 0.13μm 节点以上，在射频识别技术、汽车电子等小众市场中实现了产品化。新型的非易失存储器，即相变存储器（PRAM）、磁存储器（MRAM）和阻变存储器（RRAM）主要通过器件电阻的变化来存储信息。

如今，存储技术正在朝半导体（电）介质发展，正在逐步替代使用传统机械活动部件的硬磁盘。电存储介质的产品非常多，其中最常见的固态硬盘的存储容量已经达到每块 20TB 级别，和硬磁盘相当，而处理速度、可靠性更高，当然价格也更贵。

（2）技术原理

电存储介质主要指用半导体集成电路工艺制成的存储数据信息的固态电子器件，简称半导体存储器。它由大量相同的存储单元和输入、输出电路等构成。

每个存储单元有"0"和"1"两个不同的表征态，用以存储不同的信息。半导体存储器是构成计算机的重要部件。同磁性存储器相比，半导体存储器具有存取速度快、存储容量大、体积小等优点，并且存储单元阵列和主要外围逻辑电路兼容，可制作在同一芯片上，使输入输出接口大为简化。因此，在计算机高速存储方面，半导体存储器已逐渐替代过去的磁性存储器。

（3）分类和特点

电存储介质的产品非常多，市场上常见的包括固态硬盘、闪存、U 盘、CF 卡、SD 卡、MMC 卡、SM 卡、记忆棒、XD 卡等。基于非易失闪存芯片的固态硬盘是半导体存储的主要类别，其内部构造比较简单，固态硬盘内主体其实就是一块 PCB 板，而这块 PCB 板（印刷电路板）上最基本的配件就是控制芯片、缓存芯片（部分低端硬盘无缓存芯片）、用于存储数据的闪存芯片和接口电路。电存储的底层存储芯片技术主要掌握在三星、东芝、海力士、英特尔、闪迪、美光、金士顿等海外厂商手中，国内的长江存储也已推出自主可控的电存储系统。

电存储介质（固态硬盘）的优点和缺点如下。

A. 优点。

读写速度快：采用闪存作为存储介质，读取速度相对于机械硬盘更快，持续读写速度超过了 500MB/s。与之相关的还有极低的存取时间，最常见的 7200 转机械硬盘的寻道时间一般为 12～14ms，而固态硬盘可以轻易达到 0.1ms，甚至更低。

防震抗摔：固态硬盘由闪存颗粒制作而成，所以，固态硬盘内部不存在任何机械部件，因此，即使在高速移动，甚至伴随翻转倾斜的情况下也不会影响到正常使用，即便在发生碰撞和震荡时也能够将数据丢失的可能性降到最小。

低功耗：固态硬盘的功耗低于传统硬盘。

B. 缺点。

寿命限制：固态硬盘使用的闪存芯片具有擦写次数限制的问题，虽然固态硬盘的每个扇区都可以重复擦写 100000 次，但某些应用，如操作系统的 LOG 记录等，可能会对某一扇区进行多次反复读写，而这种情况下，固态硬盘的实际寿命还未经考验。

成本高：每单位容量的价格是传统硬盘的几倍（基于闪存），甚至几十倍（基于动态随机存储器）。

由于固态硬盘的主要优点（处理速度快）对于档案数据长期保存而言意义不大，而其价格相对于同等容量的硬磁盘而言又较高，所以，固态硬盘在档案数据长期保存领域基本没有得到应用。未来，随着固态硬盘成本的不断降低，性价比进一步提升，固态硬盘有望逐步取代硬磁盘，从而成为档案数据存储的一种重要载体。

3.1.5　缩微胶片

（1）发展过程

1838 年，英国摄影师丹赛利用摄影的方法，将一张 20 英寸的文件通过显微镜拍摄成 8 英寸的缩微影像，这是历史上第一张缩微影像。在两次世界大战中，缩微胶片为情报收集以及传送作出了重要贡献。国外开展缩微工作的国家主要是美国、法国和日本等发达国家，如今由于数字技术的发展，某些国家在缩微领域的业务已经逐渐萎缩，但是美国和法国的缩微工作仍然在发展，并且多以社会机构的形式开展缩微工作，且对文献缩微品的保存高度重视。

20 世纪 50 年代，我国图书馆领域正式规模化应用缩微技术，大规模地开展了对古籍善本缩微胶片的拍摄工作，致力于将这些承载中华民族历史的缩微胶片永久保存与利用。1982 年，任继愈先生向中央领导致信，建议采用缩微技术抢救珍贵历史文献，得到了党政领导的大力支持，文化部（现文化和旅游部）于 1985 年成立"全国图书馆文献缩微复制中心"，将其设在国家图书馆。自成立至今在全国公共图书馆建立了 25 个缩微胶片拍摄点。截至 2022 年年底，共抢救各类文献达 19.3 万种，总量超 8250 万拍。其中，古籍 4.1 万种、2500 余万拍，期刊 1.7 万种、1920 余万拍，报纸 2900 种、2335 余万拍，民国图书 12.9 万种、1460 余万拍，中华人民共和国成立初期中文图书 3300 种、35 万拍。

在档案领域，从 20 世纪 70 年代开始，我国档案馆逐步开展了缩微技术的应用。直到 20 世纪 80 年代，缩微技术在我国档案界广泛应用，在档案文献抢救工作中起到了重要作用，大量的珍贵档案资料通过缩微胶片得到了有效的保存，此时也是缩微技术发展、应用迅速崛起的时代。为了确保珍贵和重要的历史档案能够绝对安全地长期保存，迄今为止，最佳保存形式是纸质或者缩微胶片。将纸质档案或重要电子文献档案利用缩微技术进行处理，将珍贵的历史缩微成一张张胶片，用另一种形式传承中华历史文明，这是档案部门保存珍贵历史档案的重要手段。中国第一历史档案馆作为国家级档案馆，从 1973 年至今一直在利用缩微技术对馆藏档案进行缩微拍摄，到 2017 年年底，共有缩微母片 15000 余盘、拷贝片 30000 余盘。

（2）技术原理

缩微胶片制作是通过拍照或数字影像打印的方法把文献、档案、资料等信息由纸张载体转换到缩微胶片载体的一种技术。目前，缩微胶片技术有两种：一种是纸转胶，另一种是数转胶。

纸转胶的技术原理是，以缩微拍摄作为抢救和复制档案的手段，将纸质档案拍摄成缩微图像保存到胶片上。纸转胶目前依然是档案部门缩微胶片应用的主要方式。但是这种方式成本高，效率低，利用不便，只适合少量特别珍贵的档案。

数转胶的技术原理是，以计算机输出缩微品（Computer Output Microform，COM）技术为特色，直接将计算机文件输出为可读的缩微影像记录在胶片上，一般处理对象为纸质档案扫描之后的图像文件。这种方式自动化程度和效率相对较高，但会导致文件信息丢失，破坏文件的原始性，很多文件格式（如数据库文件、三维 CAD 文件、音视频文件等）根本无法保存。

（3）分类和特点

由于缩微胶片具有很高的解像力，能够忠实地反映档案原貌，保证了内容和表现形式的真实性，因此，从 20 世纪 80 年代开始广泛应用于档案管理，许多档案馆拍摄了大量的缩微胶片，在保护和抢救珍贵档案的过程中发挥了重要作用，特别是在档案异质备份中占有重要地位，是较为理想的珍贵档案长期保存介质。

缩微胶片按照外形可以分为卷式缩微胶片和片式缩微胶片两大类。卷式缩微胶片按照胶片宽度不同，可以分为 16mm、35mm、70mm 和 105mm 四种；按装片方式不同又可以分为片盘式、单轴盒式、双轴盒式和片夹式四种。片式缩微胶片可以分为缩微条片、缩微平片、封套式缩微片、开窗式缩微片等几种。

缩微胶片按照感光材料可以分为银盐胶片和非银盐胶片两类。银盐胶片使用的感光剂是卤化银，通过将感光剂及其他成分分散在明胶内，涂布在透明片基上制成，经过拍摄、显影、定影、水洗、干燥等过程形成由金属银构成的影像。这种胶片已有 100 多年的使用历史，是使用最早、应用最广泛的一种感光胶片。除了银盐胶片以外的其他感光胶片都称为非银盐胶片，如重氮胶片、微泡胶片、光导热塑性胶片等。这类胶片所用的感光物质资源丰富，成本低廉，而且具有良好的成像性能，但是在感光速度和影像长期保存等方面不如银盐胶片，这类胶片主要用于复制和提供查档利用服务。目前，档案行业普遍使用的缩微胶片是银盐－明胶型黑白缩微胶片。

缩微胶片是较为理想的珍贵档案长期保存介质，其具有如下优点和缺点。

A. 优点。

缩微胶片具有法律凭证作用：《中华人民共和国档案法实施办法》对档案缩微品的法律地位作了规定，"档案缩微品和其他复制形式的档案载有档案收藏单位法定代表人的签名或者印章标记的，具有与档案原件同等的效力"。

缩微胶片技术成熟稳定：缩微技术在长期的发展过程中，从制作到保存已经形成了一整套标准，通用性很强。

缩微胶片保存时间长：在一定的保管条件下，缩微胶片可以保存数百年，保存时间之长是其他存储介质无可比拟的。

B. 缺点。

只能保存档案数据的静态影像，不能保存音频、视频、矢量图、三维图、数据库及其他各类不能表现为静态影像的档案数据。

只能保存档案数据的影像信息，档案数据的管理和技术元数据不能直接保存，如管理过程元数据、权限信息、数字签名信息等。

采用缩微影像输出技术来保存档案数据，尤其是原生电子档案，具有很大的局限性，而且制作成本非常高。

3.2 传统存储介质耐久性分析

通过上一节的描述可以看出，磁带、硬磁盘、蓝光光盘和缩微胶片是目前主流的档案数据存储介质，以下我们主要对这四种介质的耐久性进行分析。

3.2.1 磁带耐久性分析

（1）磁带结构

磁带主要由磁性层、黏结剂、带基三种材料组成，如图 3－1 所示。

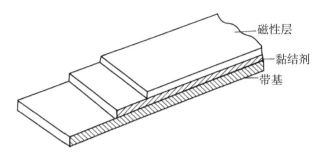

图 3 - 1　磁带基本结构示意

其中，磁性层和带基是最重要的组成部分。磁性层是记录层，其性能的优劣对于信息的记录和再现起决定性作用，这是因为磁带在磁头所给的磁场中能磁化到多强的程度（灵敏度）、能在磁头给出的磁场中承受磁化（最大磁平）及磁化所能达到的致密程度（频率特性），这些磁带静态特性（电磁转换特性）均由磁介质决定。带基主要决定磁带的机械性能，是磁性层的支撑物，虽对录放特性没有直接影响，但它的柔软度、均匀度、变形等特性对磁带的质量和保存寿命也有很大影响。目前，普遍使用的磁带带基材料是聚酯纤维，这种材料具有优良的机械性能、优良的几何尺寸稳定性、优良的耐光性能和热稳定性、对氧化剂具有很高的稳定性等优点。

（2）影响磁带耐久性的因素

从磁带结构可以看出，磁带的耐久性由带基材料的耐久性和磁记录介质的耐久性两方面来决定。

①带基材料的耐久性。磁带的带基承载着记录信息的磁记录介质，如果它的理化性能、机械强度发生变化，磁记录信息的完整性就会受到影响。具体包括以下几个方面。

A. 带基层有钢丝带基和塑料带基，塑料带基使用的材料则以聚氯乙烯、醋酸纤维、聚酯薄膜为主。在光、氧、臭氧、热、水、辐射、有害气体、腐蚀性液体和霉菌等外界因素的影响下，容易发生底基脆化、底基形变、底基断裂等老化反应，引起外观、理化性能、机械性能等各方面的改变。

B. 带基材料表面污损。磁材料在使用时都是以一定速度在不停地转动。

对于磁带来说，带面之间相互摩擦次数增多，会使带基表面温度升高。在这种使用状况下，若磁带表面沾上灰尘或磁带自身脱落磁粉颗粒，在压力下被卷入磁带，会使重放信号跌落、噪声增大，甚至由于磁粉或灰尘颗粒掺入磁头缝隙而造成磁短路，使信息无法重放出来。磁带在使用中高速运转也易产生静电，带电的磁表面能吸附空气中的尘埃、有害气体，对磁带具有腐蚀作用，致使带基变质、磁粉脱落。在保管使用中，手上的油、盐、汗渍也能被带体吸收，这同样对磁载体有腐蚀作用，因此，不能用手直接接触磁介质，操作时应戴上非棉线手套。

C. 带基过度使用造成磨损。磁记录层与机械运转系统间的磨损是磁带寿命缩短的重要原因之一。在使用时，磁带沿导轮运转要经受强烈的摩擦，即使使用性能良好的磁记录仪，在磁头与磁带接触的情况下，运转数次后磁带也会被磨损。因而，磁记录层的耐磨性是衡量磁带耐久性的重要指标。

②磁记录介质的耐久性。磁记录介质的耐久性是指磁记录层在其保存和利用的过程中，保持原有电磁转换性能的完整性，也就是能否完整地将最初存入的档案信息再现出来。磁带的电磁转换性能受到的破坏主要有剩磁消失、信号漏失等。

A. 剩磁消失。剩磁的存在使磁记录介质具备了记录和保存信息的功能，但当受到不良环境等因素影响时，剩磁也会逐渐消失，使磁记录信息部分丧失，甚至完全消失。致使剩磁消失的原因主要是外界杂散磁场的消磁作用：激烈摔打、震动可以改变磁记录介质的原有排列秩序；高温或强光辐射使磁分子热运动加剧而消磁；此外，还存在磁层自去磁效应，即因磁介质记录信息后，磁层外部会产生一个与磁化方向相反的去磁场，所以磁层越厚，信号频率越高，自去磁场强度越强，自去磁损失也越大。

B. 信号漏失。信号漏失表现为重放时信号衰减、跌落或消失。造成信号漏失的原因主要是磁带表面粗糙或沾有异物，磁层内磁粉分散不均，或磁层内有针孔、划伤、折痕等缺陷；磁带形变导致与磁头接触不良，如磁带上有一个较深的凹槽，几秒钟内就可丢失 600 个信号；保管或操作环境不洁，磁层就会发生黏连、脱落以及表面有润滑剂析出；磁层表面氧化或被污染等。这些因素都会使读出电压瞬时衰减到规定的最低值以下，使信号无法读出。

从以上对磁带的耐久性分析可知，影响磁带耐久性的因素包括材料本身的特性和外部环境因素两个方面。磁带材料本身的特性对耐久性的影响已经在前面进行了详细分析，下面重点介绍一下在档案数据长期保存过程中，外部环境对磁带耐久性的影响。外部环境因素主要包括磁场、温度、湿度和尘埃粉尘和有害气体等。

磁场：依据消磁原理，当磁带所处外磁场强度超过 50 奥斯特（$3.98 \times 10A/M$）时，磁带的信息就会被抹掉。

温度：高温会加速磁带带基材料的老化，带基的抗张强度随环境温度的上升而下降，抗张强度下降的磁带在使用过程中易产生变形而造成磁带信号失真。环境温度低固然能提高带基的抗拉性能，但低温下带基的脆性会增加。温度的波动往往会使磁粉颗粒松动与脱落，降低磁带的使用寿命。

湿度：湿度过低（如小于40%）会使磁带电阻值增大，在使用过程中造成静电集聚而吸附尘埃，导致磁带的磨损，输出信号出现放电杂波。在太干燥的条件下，磁带会发脆、易坏。高湿则会造成磁带黏合剂的水解或潮解，引起磁层损伤，且使磁带中有机物霉变，导致重放信号失真或丢失。

尘埃及异物：如磁带上面的粉尘、工作环境内的尘埃或纤维等，使磁层表面凸起 $13\mu m \times 1\mu m$（高×宽），便能引起信号失真。另外，光、有害气体、强烈摩擦或震动也会影响磁带的寿命。

（3）磁带寿命估算

磁带厂商通常标明磁带的存储寿命为30年，这其实是磁带在理想存储条件下存储寿命的极限值。相对理想条件较小幅度的偏移就会造成寿命的较大幅度的减少。同时，磁带的使用次数也会对磁带的存储寿命产生影响。

另外，磁带寿命还和磁带驱动器的兼容性关系密切。目前，磁带驱动器数据读取操作仅能向下兼容两代，数据写入操作仅能向下兼容一代，如

LTO-7磁带驱动器能读取 LTO-5、LTO-6、LTO-7 磁带的数据，可以对 LTO-6 和 LTO-7 磁带进行数据写入操作。目前，市场上平均 2~3 年推出一代 LTO 磁带产品，如以此速度发展，现在购买的最新版本 LTO 磁带会存在 10 年以后没有相匹配的驱动器的风险。

因此，根据《档案数据存储用 LTO 磁带应用规范》（DA/T 83—2019）中 11.3 的描述：保存时间超过 10 年的磁带，宜进行更新或转换。因此，磁带作为档案数据存储介质的寿命为 10 年。

3.2.2　硬磁盘耐久性分析

（1）硬磁盘结构

硬磁盘是当下最主要的数据存储介质，硬磁盘主要由磁盘盘片、磁头、主轴等部分组成，如图 3-2 所示。

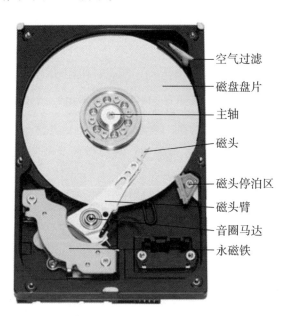

图 3-2　硬磁盘基本结构示意

（右侧标注）
空气过滤
磁盘盘片
主轴
磁头
磁头停泊区
磁头臂
音圈马达
永磁铁

磁盘盘片是硬磁盘的核心，是在以铝合金为盘基的支持体上，涂以一层磁性物质所构成的圆形刚性颗粒磁记录介质，磁记录介质一般由 $r-Fe_2O_3$

磁粉、金属膜等制成。磁记录介质用于存储数字信息，每一个存储单元都包含一定数量的磁性颗粒，它们的磁矩方向代表着数字信息中的"1"和"0"。

磁头非常微小，执行数据的读写任务。硬盘内部有两个电机：一个是主轴电机，负责驱动盘片的稳定旋转，使磁头受到稳定的空气浮力，悬浮于硬盘介质上方；另一个是传动轴电机，主要负责磁头臂的移动。

（2）影响硬磁盘耐久性的因素

硬磁盘的耐久性与环境因素、操作因素等存在很大关系。

①环境因素。环境因素主要包括温度、湿度、磁场等。

温度：温度以 20~25℃ 为宜，过高或过低都会使晶体振荡器的时钟主频发生改变。温度过高会造成硬盘电路元器件失灵，磁介质也会因热胀效应而造成记录错误；温度过低，空气中的水分会凝结在集成电路元器件上，会造成短路。

湿度：湿度过高时，电子元器件表面可能会吸附一层水膜，氧化、腐蚀电子线路，以致接触不良，甚至短路，还会使磁介质的磁力发生变化，造成数据的读写错误；湿度过低时，容易积聚大量的因机器转动而产生的静电荷，从而烧坏 CMOS 电路，吸附灰尘而损坏磁头、划伤磁片。

磁场：尽量远离强磁场，强磁场会使硬磁盘里记录的数据因磁化而受到破坏。

②操作因素。影响硬磁盘寿命的操作因素包括数据频繁读写、强制断电、工作状态下的震动等。

数据频繁读写：硬磁盘是精密机械一类的，里面有硬盘盘片、带动盘片转动的电机、磁头、磁头伺服电机，这些都属于机械装置，是会磨损的。硬磁盘读写次数越多，寿命也就越短。

强制断电：硬磁盘在读写时处于高速运转状态，若此时强行切断电源，将导致磁头和盘片猛烈地摩擦，从而损坏硬盘。

工作状态下的震动：硬磁盘在工作时，一旦发生较大的移动（震动），很容易造成磁头与盘片相撞击，导致盘片信息损坏或刮伤硬磁盘。

（3）硬磁盘寿命估算

硬磁盘的理论设计寿命为3万小时，但硬磁盘的实际寿命与环境因素、操作因素等密切相关。一般来说，环境温度越高，其寿命越短。如果不断持续加电运行，寿命则在3年左右。

根据《档案数据硬磁盘离线存储管理规范》（DA/T 75—2019）9.3.2中的描述：加电周期宜为3个月，每次加电的时长不低于2小时；根据9.4.2中的描述：检测周期宜为2年。

作为档案数据的离线存储载体，由于不经常加电，硬磁盘的理论寿命可达5～10年，根据从严原则，确定硬磁盘作为档案数据离线存储载体的寿命为5年。

3.2.3 蓝光光盘耐久性分析

（1）蓝光光盘结构

蓝光光盘的外形与普通光盘一致。以25GB容量的单面单层蓝光光盘为例，蓝光光盘包括基板、记录层、反射层以及保护层如图3-3所示。

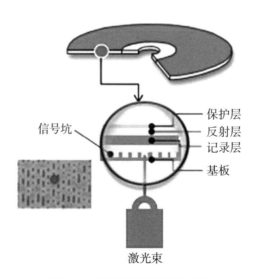

图3-3 蓝光光盘基本结构示意

蓝光光盘各层的主要功能说明如下：

基板：基板是光盘其他功能性结构（记录层、反射层、保护层）的载体，更是整个光盘的物理外壳。其使用的材料是聚碳酸酯（PC），冲击韧性极好，适用温度范围大，尺寸稳定性好，具有耐候性，无毒性。蓝光光盘的基板厚1.1mm，直径为120mm，中间有孔，呈圆形，它是光盘的外形体现。光盘之所以能够随意取放，主要是因为基板的硬度。

记录层：记录层是光盘烧录时记录信号的地方，其主要的工作原理是在基板上涂抹上专用的记录层材料，以供激光记录信息。由于烧录前后的反射率不同，经由激光读取不同长度的信号时，通过反射率的变化形成"0"与"1"信号，借以读取信息。记录层的材质一般采用有机色素材质或者无机相变记录材质。

反射层：反射层是反射光驱的激光光束的地方，借反射的激光光束读取光盘片中的数据信息，其材料一般为金属材料。这个比较容易理解，它就如同我们经常用到的镜子一样，此层就代表镜子的银反射层，光线到达此层，就会反射回去。一般来说，光盘可以当镜子用，就是因为有这一层。

保护层：用于保护记录层和反射层，一般采用热交换硬质涂层。保护层厚度为0.1mm。

（2）影响蓝光光盘耐久性的因素

从蓝光光盘的结构可以看出，蓝光光盘的耐久性与蓝光光盘各层使用的材质密切相关。而蓝光光盘各层中对耐久性起关键作用的是记录层材质。记录层的材质主要有无机相变记录材质和有机色素材质两种。

①无机相变记录材质

无机相变材料采用金属合金的材质，无机物一般是不含碳元素的物质，如合金材料，而相变就是指这种材料可以实现结晶和非结晶的相互转换，如BD – R的记录层就是锗元素（Ge）、锑元素（Sb）、碲元素（Te）等这样的金属氧化物相变材料。所以，BD – R的记录层就是在一个基板上镀上一层金属氧化物。

刻录数据时，高强度的激光照射点落在记录层上，即金属氧化物层，激光会加热照射点上的材料，以至于材料由结晶状态转换为非结晶状态；而激光没有照射的地方还是结晶状态，一系列的结晶和非结晶状态组合就是数据信息"0"和"1"。

读取数据时，低强度的激光照射点落在记录层上，如果照在非结晶点上，因为非结晶体的分子排列是无规则的，所以激光的反射率低；如果照射到结晶点上，因为结晶体的分子排列是有规则的，所以激光的反射率高，通过反射率的高低来判断数据信息"0"和"1"。

蓝光光盘无机相变记录原理如图3－4所示。

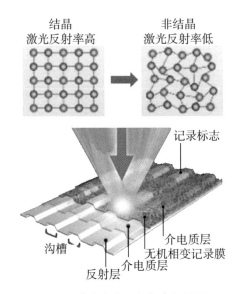

结晶
激光反射率高

非结晶
激光反射率低

记录标志

沟槽

介电质层
无机相变记录膜

反射层　介电质层

图3－4　蓝光光盘无机相变记录原理

②有机色素记录材质

有机色素也就是染料，有机物实际上是指含碳元素（C）和氢元素（H）的化合物，如传统的CD－R和DVD－R以及部分蓝光光盘的记录层就是一种叫作酞菁或者花菁的有机染料，简单点理解，记录层就是在一个基板上涂上一层染料。

刻录数据时，高强度的激光照射点落在记录层上，即染料层，激光会加热照射点上的染料，导致染料高温分解、消失，形成一个"坑"；激光没有照射的地方，染料还在，可以作为"槽"，若干一系列的"坑"与"槽"的组合就是数据信息"0"和"1"。

数据读取时，低强度的激光照射点落在记录层上，如果照在"坑"上，激光的反射率会高；如果照射在"槽"上，即照在有染料的点上，因为染料是有颜色的，颜色会吸收一定的光，这样激光的反射率就低，通过反射率的高低来判断数据信息"0"和"1"。

蓝光光盘有机色素记录原理如图 3 – 5 所示。

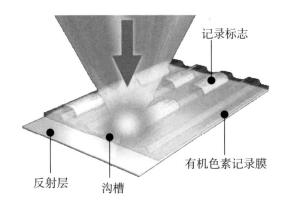

图 3 – 5　蓝光光盘有机色素记录原理

无机相变记录材质和有机色素记录材质两种记录方式的比较如表 3 – 3 所示。

表 3 – 3　　无机相变记录材质和有机色素记录材质两种记录方式对比

蓝光光盘记录方式	无机相变记录材质	有机色素记录材质
记录层分类	无机型（金属）	有机型（色素）
记录层材质	金属即合金	色素即染料
光盘类型	BD – R	CD – R/DVD – R/部分 BD – R
保存时间	100 年以上	10 年以上
制造成本	高	低

从表 3-3 可以看出，无机相变材料可保存的时间在 100 年以上，物质不发生变化，有机色素材料的保存时间为 10 年以上。因此，可以得出结论，记录层采用无机金属相变材料的蓝光光盘耐久性更好。

除了蓝光光盘的材质，环境因素也会对蓝光光盘的耐久性产生影响。基于蓝光光盘的材质，主要产生影响的环境因素包括温度/湿度、粉尘。

温度/湿度：传统 CD/DVD 光盘在长期存储中，外部环境条件（温度、湿度）的改变会引起光盘结构中产生机械应力，导致各层材料有不同的膨胀与收缩，造成基质材料聚碳酸酯双折射率的变化，而在蓝光光盘长期存储的过程中，这种因素不可避免。蓝光光盘也会随着记录层的氧化而造成数据丢失。

粉尘：粉尘颗粒物对蓝光光盘的破坏包括以下两个方面。一是颗粒物沉降在蓝光光盘的信息面上，有的颗粒物有吸湿性，当相对湿度大于 70% 时，很多悬浮在大气中的盐类开始潮解，此时它能起到水分凝结核的作用，使这些颗粒具有一定的黏附性。由此形成的污垢严重影响蓝光光盘的读取，造成光盘在读盘时的块错误率增大。二是由于蓝光光盘带有静电，容易吸附灰尘，当颗粒很大时，在读写光盘时容易划伤蓝光光盘的表面，从而使光盘的块错误率上升。

（3）蓝光光盘寿命估算

蓝光光盘的质量等级不同，其寿命也存在差别。国家标准 ISO/IEC 16963—2017《信息技术—用于信息交换和存储用数字记录媒体—用于长期数据存储用光学介质寿命评估测试方法》给出了档案级蓝光光盘寿命估算的方法。

具体的寿命估算方法：采用艾林模型，选取 5 组规定的光盘数量，在不同的温湿度条件下进行光盘加速老化试验，取得每个蓝光光盘个体的故障时间。再根据 5 组故障时间的数据分布，依据统计学方法计算出最佳回归直线，进而计算出常温、常湿条件下蓝光光盘的故障时间，即蓝光光盘期待寿命。

DA/T 38 和 DA/T 74 两项标准给出了档案级光盘的寿命，其中档案级 CD、DVD 光盘的保存寿命大于 20 年，档案级蓝光光盘的保存寿命大于 30

年。对于档案行业而言，考虑到档案数据的重要性，在确定载体寿命期限时应该按照从严原则。因此，我们可以认为档案级 CD、DVD 光盘的保存寿命为 20 年，档案级蓝光光盘的保存寿命为 30 年。

3.2.4 胶片耐久性分析

（1）胶片结构

在档案行业使用的胶片主要是黑白感光胶片，是较为理想的珍贵档案长期保存载体，这种胶片由防光晕层、片基（支持体）、结合层、感光乳剂层、保护层组成。具体结构如图 3－6 所示。

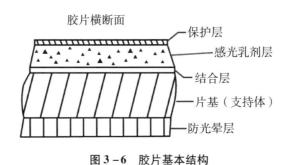

图 3－6　胶片基本结构

①防光晕层

防光晕层是感光片上用以防止光晕现象的涂层。可吸收曝光时穿透乳剂层和片基的多余光线，避免反射，防止光晕引起的影像模糊。其主要成分有胶体银、防光晕染料和炭黑。胶片经显影、定影、水洗后，防光晕层完全被溶解脱落。

②片基（支持体）

片基（支持体）为感光胶片的支持体，是一种具有透明、柔软的特性和一定机械强度的塑料薄膜，它的特性构成了胶片的主要物理机械性能。目前黑白感光胶片的片基大都采用聚酯片（化学名通常为聚对苯二甲酸乙二醇酯，英文简称 PET）。

聚酯材料片基耐低温，收缩性和吸湿性小，柔性好，韧性强，平整度高，机械强度高，是较为理想的胶片片基材料。

③结合层

为了使乳剂层牢固地黏附在片基上，在片基的表面涂有一层黏性很强的胶体，以防乳剂层在加工时脱落。

④感光乳剂层

如前所述，黑白感光胶片的乳剂层大都采用明胶型银盐涂层，主要是由悬浮在明胶中对光敏感的卤化银颗粒组成。明胶中悬浮的卤化银颗粒非常微细，其直径≤120nm，只有在高倍显微镜下才能观察到。在654.16mm^{2}的感光乳剂中，卤化银晶粒的含量约400亿个。当光线射到胶片的乳剂层上并到达卤化银晶体时，这些晶体发生了结构性变化，并与邻近也受到光线照射的卤化银晶体相互聚结起来。这种因卤化银晶体聚结而形成的团块仍然是极其细小的。乳剂层接收到的光量越多，就有越多的晶体聚结在一起；光量越少，晶体的变化和聚结也越少；没有光落到上面，也就没有晶体的变化和聚结。这就是感光胶片成像的基本原理。

⑤保护层

在胶片表面涂布一层透明的特殊胶质材料，以防止胶片划伤和操作污染，避免在输片过程中产生卡片、黏片和静电。

（2）影响胶片耐久性的因素

胶片老化的主要因素有生物侵害、物理变化和化学反应，如表3-4所示。

表3-4　　　　　胶片老化因素分类

老化类型	现象	成因	位置
生物侵害	霉斑	高温、高湿	乳剂层
物理变化	污点	高温、化学物质残留	乳剂层
	收缩、卷曲	温、湿度变化	片基（支持体）
	划痕、断裂	机械损伤	乳剂层或片基（支持体）
	裂纹、表面脱落	温、湿度变化、机械损伤	

续　表

老化类型	现象	成因	位置
化学反应	变质	温度和湿度	片基（支持体）
	褪色	化学反应	乳剂层
	污点增多	氧化	乳剂层
	密度不均	—	乳剂层

从表 3－4 可以看出，胶片的耐久性和胶片材质、环境因素密切相关。其中，胶片材质主要是乳剂层中明胶变性和片基老化，环境因素主要是温度、湿度和光照等。下面分别进行说明。

①明胶变性。明胶是一种蛋白质，在自然界中并不存在，是由兽皮和兽骨制成的。明胶的以下性能与银盐感光胶片的耐久性密切相关。

A. 胶片化学分解。明胶是由各种氨基酸组成的。氨基酸有两种官能团——氨基和羧基，氨基显示碱性，羧基呈现酸性，所以，明胶是一种同时具备碱性和酸性的两性物质。因此，明胶容易因酸或碱的存在而加速分解。

B. 生成银胶络合物。金属银被氧化剂氧化所形成的银离子，能够与明胶相互作用而形成不稳定的银胶络合物，随后络合物分解，最终生成硫化银和金属银，从而使影像变色或泛黄。

C. 熔点、凝固点低，变形性大。明胶的熔点一般为 30～34℃，凝固点为 22～25℃。明胶具有吸水膨胀、失水收缩的特性，当其含水量发生变化时，明胶随之变形。当环境温湿度过高时，明胶易吸湿膨胀而引起画面尺寸的改变和粘连；当环境温湿度过低时，同样会因明胶失水收缩而引起画面尺寸的改变和增大胶片的脆性。明胶机械强度差，不耐折，不耐刻画，不耐摩擦。明胶胶体容易变形、发软，温度过低容易脆化。

②片基老化。目前常用的银盐感光胶片的片基采用的是聚酯材料。聚酯对光、热、氧和潮湿有优良的抵抗能力，但对酸和碱的稳定性较低，碱中又以氨的影响最大。例如，将聚酯薄膜于室温下在浓氨水中浸泡三天，其强度将损失 100%。此外，聚酯易带静电，用其制成的胶片易吸附灰尘。

胶片会因潮湿、霉菌、氧化腐蚀危害胶片乳剂层的感光药膜，感光药膜易受潮发生水解，损坏胶片影像。长霉后，霉菌会分解胶片中的明胶，使影像感光物质发生位移，导致影像模糊；霉菌生长过程中产生的霉斑会遮盖影像、污染影像；霉菌生长过程中分泌的有机物会侵蚀银盐颗粒。

高湿度会促使影片上残留的化学药品破坏画面。空气中的有害气体如硫化物、过氧化物等，即使浓度很低，也会造成有害影响。过氧化物还会引起银盐颗粒氧化，使胶片形成带色的沉积斑。低湿环境可以避免胶片长霉，但湿度过低或湿度频繁地变化又会降低片基和乳剂层的附着性，出现胶片边缘剥落、乳剂层龟裂、胶片尺孔收缩等现象。

从以上分析可以看出，温度、湿度等环境因素对胶片的耐久性影响很大，良好的保管场所是延缓胶片老化的关键。

（3）胶片寿命估算

胶片是唯一被历史证明了的保存时间超过 100 年的档案数据存储载体。美国摄影师埃德沃德·迈布里奇在 1878 年拍摄了一组连续动作胶片《Sallie Gardner at a Gallop》（见图 3 – 7），被认为是电影技术的起源。神奇的是，这一组连续动作胶片到现在依然可以流畅清晰地播放，至今已超过 140 年。

图 3 – 7　连续动作胶片——《Sallie Gardner at a Gallop》

另外，国际原子能机构（IAEA）对胶片的寿命进行了测试，如图 3 – 8 所示，经权威测试后验证，在一定的温湿度条件下（温度 < 15℃，湿度 25% ~ 35%），胶片的保存期限可达 500 年。

载体	保存期限	温度 （℃）	湿度 （%）	照度 （lx）
纸张	几百年	<18	30~40	<50
缩微胶片	500年	<15	25~35	
磁性/光介质	约10年	<18	35~45	

图3-8 国际原子能机构（IAEA）对胶片寿命进行测试

无独有偶，根据《缩微摄影技术 银－明胶型缩微品的冲洗与保存》（GB/T 15737—2014）前言中描述：在规定的条件下，用银－明胶型黑白聚酯（聚乙烯对苯二甲酸酯）胶片制作的缩微品可存储500年。

3.3 传统存储介质对比分析

从前面的介绍和分析可知，目前在档案数据领域应用的存储介质主要是磁带、硬盘、蓝光光盘和胶片。下面对这四种存储介质的特性进行对比分析，见表3-5。

表3-5 磁带、硬盘、蓝光光盘和胶片特性对比

主要技术 参数	磁带	硬盘	蓝光光盘	胶片
响应时间	慢	快	较慢	慢
数据读取 方式	顺序	随机	随机	顺序
使用寿命	10年左右	5年左右	30年以上	100年以上
安全性	低	低	高	高
数据存储	粘连霉变、可篡改、可消磁	扇区错、机械和电子部件失效，可消磁	可长期稳定保存，不可篡改	可长期稳定保存，不可篡改

续　表

主要技术参数	磁带	硬盘	蓝光光盘	胶片
环境要求	恒温、恒湿，防磁、防震、防尘，对保存环境要求高	恒温、恒湿，防磁、防震、防静电，对保存环境要求高	恒温、恒湿，对保存环境要求低	恒温、恒湿，空气净化，对保存环境要求较高
环保指数	高（低碳，较少工业废品产生）	低（高能耗、高排放、较多工业垃圾产生）	高（低能耗、低排放、较少工业垃圾产生）	高（低碳）
迁移周期及成本	6~8年迁移一次，迁移成本高	3~5年，迁移成本高	30年以上，迁移成本低	100年以上，迁移成本低
兼容性	隔二代不兼容	兼容	兼容	兼容
介质价格	低	高	较低	高

从表3-5可以看出，每种存储介质都有各自的优势和劣势，单一的介质并不能很好地解决档案数据长期安全保存问题。应充分发挥各种存储介质的优点，结合档案数据长期保存的要求组合应用，才能满足档案数据长期安全保存的要求。

3.4　存储介质发展趋势

为实现大容量、高密度、长寿命的存储目标，存储行业经过不断探索，使用多种技术方案，在原有基础上研发了一些新型存储介质。

3.4.1　数字胶片

数字胶片是缩微胶片在档案数据保存领域的延伸。在档案数据长期保存过程中，一方面，胶片具有磁盘、磁带、光盘、固态硬盘等其他载体所无法比拟的保存期限；另一方面，传统的缩微胶片保存方式在数字时代也面临着很大的挑战，数字转模拟过程不但效率低、成本高，最大的问题是文件信息丢失，反而破坏了文件的原始性。

数字胶片的出现有望扭转这种局面，使胶片这种安全、可靠、稳定的长期保存载体重新焕发生机。数字胶片技术采用"数→胶→数"的胶片应用新模式，将拟保存的档案数据（数据包）经编码处理之后生成高密度二维码图像打印到胶片上，未来可以通过光学仪器读取胶片上的编码图像，进行解码处理之后还原成原始数据，这样就可以直接在胶片中保存数字信息，这是胶片技术的全新应用形式，充分发挥了胶片作为长期保存载体和异质备份载体的独特价值。

数字胶片的技术原理如图3-9所示。

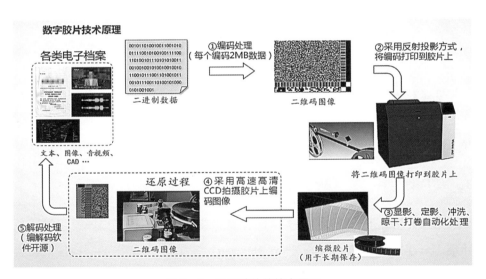

图3-9 数字胶片的技术原理

数字胶片可以将数据不经过数模转换而以数字编码图像的形式直接保存到胶片上，任意格式随存随取，确保了数据的真实性和完整性，从而在突破传统胶片技术局限性的同时又继承了胶片载体的固有优势，使胶片可以用于档案数据的长期保存。可以说，数字胶片是迄今为止唯一真正符合档案数据长期保存要求的载体。

将数字胶片技术应用于档案数据长期保存，具有以下几方面的突出优势。

保存寿命长：数字胶片的保存时间可长达数百年，被历史证明的保存期限也已超过 140 年，远超磁盘、磁带、固态硬盘、光盘等存储载体。

安全性高：数字胶片是 WORM 载体，一次性写入，无法篡改和伪造；适合离线保存，防黑客，防电磁冲击，不容易被破坏。

技术依赖性低：数字胶片大量采用公开的算法和技术，其控制部分、信息呈现部分和可视图像都可以用人眼识读，降低了对特定软硬件的依赖。

保存内容灵活：可以混合保存可视图像和数字信息，适合各种类型档案数据的保存。

维护成本低：迁移频率超低，保存几百年才需要迁移一次，可大幅降低长期保存过程中的维护成本，前期一次性投入，后期几乎零维护。

能耗低：保存过程无须耗电，对环境温湿度要求不高，绿色节能。

数字胶片技术继承了传统缩微胶片技术的优势和特点，并通过引入新时代的光学影像技术，以高密度数字编码图像来保存数字信息，使胶片技术在数字时代焕发了新的生命力。对档案数据保存而言，因其上述突出优势，有望在档案数据的长期和永久保存中发挥重要作用。

3.4.2　全息存储

全息存储也是一种光存储技术。将全息技术用于数据存储的设想最早是由彼得·范·海尔登（Pieter J. van Heerden）于 1963 年提出的。该技术利用"体"而不是"面"来存储数据，对材料的利用比现今广泛采用的面存储多出了一个维度，有显著提高存储容量的潜力，掀起了全息存储技术研究的热潮。但是，由于当时缺乏理想的存储材料和光电输入输出设备，进展缓慢，并没能研制出相应的系统。

进入 20 世纪 90 年代，全息存储系统中的器件、材料、复用方法、寻址技术、信道技术等都取得了飞速发展，人们普遍认为全息存储技术实用化的时代已经到来，国内外大量的研究机构纷纷投入大量人力、物力开展研究。

进入 21 世纪，全息存储技术逐步走出实验室研究阶段，开始迈向实用化和商用化。在巨大的市场推动和需求的牵引下，通用、索尼、日立等大公司纷纷开展全息商用化的研究，美、日等国也先后出现了以全息存储为核心技术的商业化公司，如美国的 InPhase（现在为 Akonia Holographics）、日本的 Optware 等，先后推出了原理样机。但仅此而已，相关产品和系统并没有得到实质性的应用，甚至 InPhase 公司由于经营不善已经被其他公司收购。

国内研究全息存储名气最大的要数广东紫晶信息存储技术股份有限公司，该公司在 2022 年 3 月发布的一篇题为《紫晶存储加快关键技术研发 推动全息光存储实现新进展》的报道中宣称，"在紫晶存储最新的全息光存储原型机设备中，采用了'球面波离轴单臂光路系统'。该系统采用球面波作为参考光构建离轴光路，可以在实现球面波移位复用的同时通过改变介质与入射面的夹角进行交叉复用，能够极大地提升单位面积上容纳的全息图数量，提高数据密度"。

全息存储与全息照相原理类似，涉及两个过程和两路光波。两个过程为干涉记录与衍射读取，两路光波为参考光和信号光。记录时，参考光与信号光在存储介质中相遇并发生干涉，光场同时与存储介质发生作用，改变介质的光学性质，如折射率分布，从而将信号光的信息以体全息光栅的方式记录在介质中。信号光可以用空间光调制器（SLM）把需要存储的数据页（Data Page）或图片编码调制在光场中。之所以能实现高密度存储，是因为可以在存储介质的同一位置利用不同的参考光存储多组数据，而且每个数据页都可以独立读出。全息存储记录原理如图 3 - 10 所示。

读取时，利用之前记录的参考光照射存储介质，由于体全息光栅的衍射效应，在原信号光方向再现出信号光，由 CCD 或 CMOS 图像传感器等光电探测器完成数据的读取。全息存储读取原理如图 3 - 11 所示。

从上述存储原理中可以看到，全息存储技术有两个显著特点：体式存储与并行读写。体式存储是指数据以体全息光栅的形式存储在介质的一定体积内。利用体光栅的布拉格选择性，可以将多组数据记录在存储材料的同一位

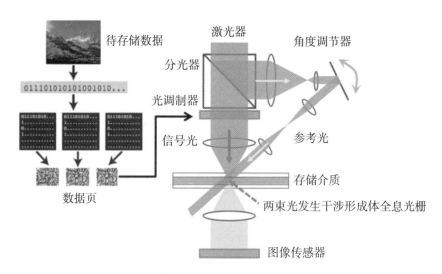

图 3 – 10　全息存储记录原理

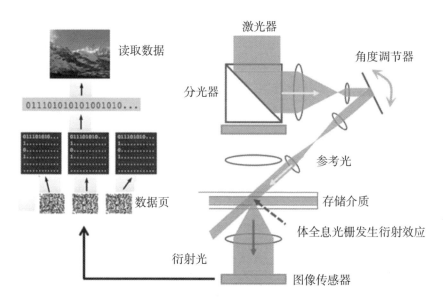

图 3 – 11　全息存储读取原理

置，以实现数据的高密度存储。并行读写是指信息以数据页为单位进行读写，因而具有极高的数据传输率，其极限值主要由电光与光电转换器件（SLM 及 CCD）来决定，数据传输率将有望达到 1GB/s。此外，体全息存储技术还具有关联寻址的特点，可用于地形匹配、图像识别等领域。

全息存储作为新一代的存储技术，相对于现行的几种存储技术，在存储密度和读取速度方面都具有很大的提升空间，有望突破现有存储技术的极限，从而满足当今信息时代对海量数据存储的需求。但全息存储面临的技术挑战依然很大，什么时候才能真正投入商用尚存在很大的不确定性。

3.4.3 玻璃存储

2019 年 11 月，在微软最大规模的年度 IT 盛会 Ignite 2019 上，传来一则震惊全世界的科技动态新闻：微软公司首席执行官萨提亚·纳德拉宣布，微软与华纳兄弟首次将电影《超人》存储在了一块杯垫大小的石英玻璃中。这块 75mm × 75mm × 2mm 的玻璃能够安全地存储 75.6GB 的数据，不仅防水、耐磨、耐高温，更无须用高功耗的方式保存和维护。从此，玻璃存储进入了人们的视野。

1994 年，在日本大阪大学增原教授牵头的日本创造科学推进事业极微化学项目工作的三泽弘明研究员（现日本北海道大学教授）偶然在显微镜下发现了超短脉冲激光诱导的玻璃内部的有空间选择性的折射率改变，提出该现象可用于三维超高密度光存储的技术方案。2009 年，日本的日立公司开发出了利用激光在石英玻璃中刻录播放的技术，但当时的面记录密度每平方英寸（645. 16mm^2）只有 0.1MB。2012 年，日立公司对此技术进行了升级，推出一种在石英玻璃片上存储数字信息的新方法，这种技术是在石英玻璃薄片上通过飞秒激光器制造点阵，以二进制的方式将数据存储下来，可采用普通的光学显微镜读取。薄片原型可以支持四层点阵数据，每平方英寸能存储 40MB的数据，与一张标准 CD 的存储密度相当。

与磁性存储介质的黑盒读写存储方式不同，玻璃硬盘的数据存储和读取都需借助"外力"。研究人员利用飞秒激光照射玻璃，在玻璃片不同的深度和角度创建多层三维纳米光栅进行数据编码，这个编码包括光的偏振、波长及 x、y、z 三个坐标 5 个物理维度。他们把写入纳米光栅的点表示为"1"，未写入纳米光栅的点则表示为"0"，以此实现数据存储。偏振光透过这些写入纳米光栅的玻璃，能产生特定的图像和图案，利用机器学习算法对这些图像和图案进行解码，便能实现数据读取。

玻璃存储是一种崭新的冷存储技术，它不需要控制温度和湿度，大大降低了数据存储的环保成本和设备维护费用。玻璃经过煮沸、烘焙、刮擦都无损其存储稳定性，具有抗高温、抗电磁干扰、耐磨损的特性，存储数据可以保存千年。

然而，玻璃存储虽然已经诞生，但它的技术还不够成熟，成本太高，不适合普通消费者。不过，玻璃存储技术被用来存储数据仅仅是个开始，其未来的应用空间巨大。

3.4.4　DNA 存储

DNA（脱氧核糖核酸）存储是一种以生物大分子 DNA 作为信息载体的新的存储技术。早在 20 世纪八九十年代就已经有人在研究了，但受制于当时的技术条件，并没有取得大的突破和进展。近些年，研究人员将 DNA 分子存储领域和 DNA 合成与测序技术、细胞生物学与分子生物学技术、信息科学与通信技术等领域不断交叉融合，才为这一领域的未来描绘出更多的可能性，不断提高 DNA 分子的存储潜力，使 DNA 数据存储越来越接近于生产和生活实际。微软研究院和华盛顿大学合作研究的自动 DNA 数据存储技术走在了业界前列。法国国家档案馆将成为全球首个存储 DNA 文件的公共机构。

DNA 存储的原理并不复杂，就是用人工合成的 DNA 存储文本、图片、声音、视频文件等数据，随后完整读取的技术。目前，计算机存储的数据都是依据电压的高和低代表"0"和"1"来表示的，DNA 存储则是把原本这些用"0"和"1"来表示的内容换成用碱基 A、C、G、T 来表示，简而言之，就是用遗传代码替代计算机代码，实现从数字信号转换到化学信号的过程。当复制一份计算机文件时，DNA 数字存储系统首先把硬盘信息中的二进制数翻译成定制代码，然后借助标准 DNA 合成机器制造出相应的碱基序列。

DNA 数据存储过程大致可以分成四个步骤：信息编码、DNA 合成（写入）、DNA 测序（读取）和信息解码，如图 3 - 12 所示。

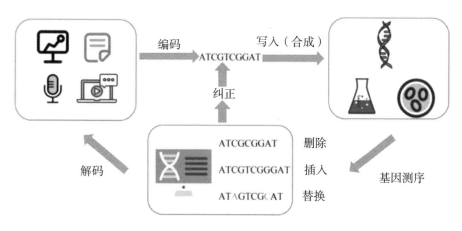

图 3 - 12　DNA 存储原理

首先，必须将数据转换为 DNA 分子中 4 种碱基的序列。在信息科学领域，不同的数据类型有不同的编码和压缩算法，常用的算法有霍夫曼编码、算术编码、字典编码等。此外，对于 DNA 分子而言，在合成、复制、测序的过程中都可能发生错误，物理冗余和逻辑冗余可以帮助其在信息失真的情况下恢复原始数据，也就是纠错码。

在编码之后，进行 DNA 合成，即写入。三代 DNA 合成技术——化学合成法（固相亚磷酰胺三脂法）、微阵列 DNA 合成法和酶合成法的演化大大减少了 DNA 合成的时间和成本。另外，基因组装和编辑技术的发展让我们可以灵活而准确地改变遗传信息，并在活细胞中进行数据处理和存储，为 DNA 数据存储技术的发展提供了有利的条件。

信息的读取依靠基因测序技术。基因测序技术是一种用来确定 DNA 分子中碱基序列的方法。这些技术允许我们读取和记录 DNA 分子中的碱基排列，从而识别基因、研究遗传变异、了解生物体的遗传信息。世界上第一个测定 DNA 序列的方法是由英国生化学家弗雷德里克·桑格尔发明的。自此 DNA 测序的速度就一直呈加速态势。其中 Sanger 测序是最早的测序，也被称为链终止法，是一种用来测定 DNA 碱基序列的传统测序技术。它是由 Frederick San-ger 于 1977 年开发的，这项技术为后续 DNA 测序方法的发展奠定了基础。

在得到 DNA 序列信息之后，将碱基序列重新转换为二进制序列，此后，再利用编码的纠错原理将序列自动纠错，就可以得到原始的数字信息。

利用人工合成的 DNA 作为存储介质具有以下三方面的突出优势。

信息密度高：据微软研究院此前估计，1 立方毫米的 DNA 就能够存储 1 个 EB（Exabyte，1024PB，1048576TB）的数据，更夸张的说法是 1 克 DNA 就可以存下全球信息。

存储时间长：在合适的条件下，数据可以存储上万年。

能耗低：不需要维护成本。存储所需要的占地、资源、能耗均远远小于传统存储介质，而且几乎不需要后期维护，尤其适用于存储大规模且不需要经常访问的"冷数据"。

DNA 存储无疑有希望成为一项划时代的存储技术，它的很多特性和现有存储技术相比都是有颠覆性的。但这项技术目前还远未成熟，估计离真正商用还需要 20 年，甚至更长时间。目前讨论还为时尚早，或许有可能在发展过程中遇到一个难以突破的技术瓶颈，中途夭折；又或许在发展过程中出现另外一项更具革命性的存储技术，如量子存储，对其形成降维打击。

3.5　国内存储厂商及产品

3.5.1　磁光电混合存储厂商及产品

信息化社会的飞速发展直接导致了对数据存储容量的需求呈现爆炸性增长。磁光混合存储系列产品（光磁库、光盘库、离线柜）是现代大容量信息存储体系的核心设备之一，主要用于信息的长久保存和检索，在数字化文档影像的保存与管理、通信行业的信息存储、医疗信息化管理、公检法机关档案及音视频资料管理等领域有着广泛的应用。随着人们对数据安全性、法规遵从性、节能低碳等方面的要求不断提高，磁光混合存储产品作为海量信息安全存储设备，正发挥着越来越重要的作用。

目前，国内的磁光电混合存储厂商主要有苏州互盟信息存储技术有限公司（NETZON）、广东紫晶信息存储技术股份有限公司、北京星震同源数字系统股份有限公司、北京易华录信息技术股份有限公司等。

NETZON 位于苏州市高新区，是磁光混合存储系列产品（光盘库、离线柜）的生产商，是全球的光盘库核心供应商。NETZON 拥有专业级的光盘存储、光盘复制、盘面打印、特种证照打印等一系列存储、打印解决方案，提供 IP-SAN、NAS、HMS 高速光盘库系列、HDL 高密光盘库系列等全线产品和应用软件。

广东紫晶信息存储技术股份有限公司是全产业链产品技术的光存储科技企业，获中宣部出版产品质量监督检测中心批准，成立了国家级的"蓝光检测实验室"。紫晶存储针对海量温冷数据管理需求提供解决方案，并根据金融、医疗、档案、公安、法院等不同行业的应用场景提供定制化服务。紫晶产品为各类用户提供光存储介质、磁光电混合存储系统、光盘摆渡机系统、光存储一体机解决方案、行业解决方案、数据中心及云存储服务。紫晶存储两个系列的磁光电混合存储系统设备，按照自动化系统架构设计的差异分为 MHL 模块式和 ZL 转笼式。

北京星震同源数字系统股份有限公司是国内重要数据服务领域的主要企业及绿色存储设备专业制造商，专注于与档案类数据、资产类数据、法规遵从类数据的采集、管理、利用、存储相关的软硬件研发、制造和系统集成，提供专业的数据生产、清洗、治理、存储、挖掘和利用服务，具备覆盖重要数据（档案类、资产类、法规遵从类数据）的加工、治理、存储、挖掘、发布和利用的全生态管理体系、技术体系和服务体系。公司是国际蓝光归档联盟成员，提出"磁光结合存储策略"，创造性地研发出更加易用、更高可靠性的"转盘式"光盘库、智能硬盘库、光盘离线库等系列存储产品，并参与了《磁光电混合存储系统通用规范》（GB/T 41785—2022）的编制。该公司目前已研制出星震品牌的 BD 系列光盘库、OFF 系列离线库、磁光电混合存储一体机等多款硬件产品。

北京易华录信息技术股份有限公司是国务院国有资产监督管理委员会直接监管的中央企业中国华录集团旗下控股的上市公司。该企业以磁光电智能混合存储技术为依托，为城市打造具有优质物理计算基础环境及云计算、大数据、人工智能服务能力的新一代绿色数据中心，面向政府、企业、个人提供大数据基础设施运营服务、数据应用运营服务及数据资产化服务，形成了围绕城市数据湖基础设施的数字经济技术体系和数据运营赋能业务体系。华录集团于1998年开始进行光盘播放技术的研发，向国内外市场提供光盘记录与播放机等产品。经过20多年的光存储领域的技术积累，企业已形成从大容量光盘、机芯、光驱等关键件到光盘库整机生产的完整产业链。该企业重点产品有蓝光光盘库、超级智能存储器等磁光电存储产品等。

3.5.2 胶片设备厂商及产品

目前，国内的胶片设备厂商主要有北京市汉龙实业有限公司、忆备缩微科技（北京）有限公司、琴海科技股份有限公司、苏州石头记智能科技有限公司（数字罗塞塔计划依托主体）组等。

北京市汉龙实业有限公司（以下简称汉龙实业）致力于为用户提供先进的数字化扫描、数字影像管理、异质备份、数模整合、文献保护等产品和服务。汉龙实业借助于多年数字影像设备集成和文献保护的经验，将数字化扫描技术、异质备份技术、数模整合技术、文献保护技术完美结合，为客户提供全面的数字影像设备集成和文献保护整体解决方案。该系列解决方案目前已广泛应用于图书系统、档案系统、文博系统、公检法系统、军工系统、教育系统等行业，并逐步进入金融、证券、保险、电力等其他领域。汉龙代理的主要缩微设备有赛数OP800数字存档机、赛数OK400缩微胶片拍摄机、柯尼卡美能达DR1600缩微胶片拍摄机、IMAGELINK缩微胶片冲洗机等。

忆备缩微科技（北京）有限公司（以下简称忆备缩微）是一家专业致力于档案影像存储和模数转换的产品生产商和服务商。忆备缩微开发出具有自主知识产权的数字缩微系列设备，打破了国外技术壁垒和垄断。其中，纸转胶技术路线为利用模拟摄像设备（模拟相机），它可以把原始信息以缩小影像形式拍照记录在感光材料（缩微胶片）上，经加工制作成缩微品（已记录影像的缩微胶片）。数转胶技术路线为将电子或数字图片等格式文件，通过专用设备（COM 机）以缩小影像形式，记录在感光材料（缩微胶片）上，经加工制作成缩微品。忆备缩微研发的全套缩微设备包括 16/35mm COM 机、缩微胶片冲洗机、16/35mm 模拟胶片拍摄机、缩微胶片阅读机、缩微胶片数字化工作站、缩微胶片清洗机、缩微胶片拷贝机等。

琴海科技股份有限公司是一家集档案数字化、数字档案馆建设、档案智慧托管、档案人员培训、软件开发、大数据应用于一体的专业化公司，是国内档案信息化服务解决方案提供商和大数据资源提供商，服务于档案馆、铁路、医疗、公检法、政务、企事业单位等领域。该公司研发了一系列缩微设备，包括缩微数字一体化工作站、35mm 缩微电子阅读器、16mm 缩微电子阅读器等。

苏州石头记智能科技有限公司创建的数字罗塞塔计划是一项利用蓝光存储、数字胶片、玻璃存储等技术，旨在解决电子档案乃至数据长期保存问题的国产化替代科技攻关工程项目，以实现"保存社会记忆，传承人类文明"为最终目标。数字罗塞塔计划项目组提出了全新的数字胶片技术，数字胶片技术采用"数→胶→数"的模式，将拟保存的档案数据（数据包）经编码处理之后生成高密度二维码图像打印到胶片上，未来可以通过光学仪器读取胶片上的编码图像，进行解码处理后还原成原始数据，这样就可以直接在胶片中保存数字信息，这是胶片技术的全新应用形式，充分发挥了胶片作为长期保存载体和异质备份载体的独特价值。数字胶片可以将档案数据不经过数模转换而以数字编码图像的形式直接保存到胶片上，任意格式，随存随取，确保了档案数据的真实性和完整性，从而在突破传统胶片技术局限性的同时又继承了胶片载体的固有优势，使胶片可以用于档案数据的长期保存。数字罗塞塔计划项目组研发了全套的数字胶片设备，包括数据写入设备、胶片冲洗设备、胶片读取设备、胶片存储柜等。

4　档案数据长期保存策略研究

本章根据档案数据长期保存的详细要求，提出档案数据长期保存的总体框架，并重点对档案数据长期保存的管理策略和技术策略展开深入研究。

4.1　档案数据长期保存总体框架

档案数据长期保存需要从基础设施、存储载体、管理软件和保存策略等多方面进行综合考虑。档案数据长期保存的总体框架如图 4-1 所示。

4.1.1　基础设施

档案数据长期保存首先需要规划建设良好的基础设施，包括保存环境、库房装具、计算资源、存储系统、管控措施、安全防护等方面，为载体的长期、有效、安全保管奠定坚实的基础。由于每种载体的保管环境要求不同，数据长期保存环境中还得配置各种装具和防护措施，以满足各种载体长期保管的需要。

4.1.2　存储载体

按照热、温、冷数据的不同要求，配置适用于不同场景的在线、近线和离线存储载体。从档案数据长期保存的角度来看，主要是针对冷数据存储的存储载体。目前，市场上常见的存储载体有磁（磁盘、磁带）、光（DVD 光

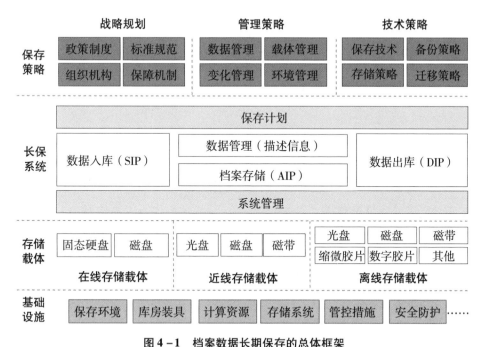

图 4 – 1 档案数据长期保存的总体框架

盘、蓝光光盘）、胶（缩微胶片、数字胶片），而电介质载体（固态硬盘、U盘等）一般很少用于大量数据的离线存储。

4.1.3 管理软件

管理软件即长期保存系统，根据 OAIS 模型构建，包括资源入库、数据管理、存储管理、资源出库、保存策略和系统管理等功能模块，管理对象为AIP，即将档案数据的电子全文和元数据打成一个完整的信息包，确保数据的真实、完整、可用和安全。

4.1.4 保存策略

从战略规划、管理策略和技术策略三方面着手构建。其中战略规划包括政策制度、组织机构、标准规范、保障机制等方面。管理策略包括数据管理、载体管理、变化管理、环境管理等方面。技术策略包括保存技术、存储策略、备份策略、迁移策略。

保存技术包括复制、仿真、更新、再生等；存储策略包括在线存储、近线存储、离线存储等；备份策略包括在线备份、离线备份、本地备份、异地备份、同质备份、异质备份等；迁移策略包括载体迁移、存储环境迁移、格式转换等。

以上档案数据长期保存框架正好和 IBM 海法实验室提出的长期保存的两个层面相对应，其中基础设施和存储载体主要解决比特保存问题。比特保存的首要任务是保证载体的可读性，这不但要考虑到载体本身的寿命，还在很大程度上取决于载体保管的环境条件；管理软件和保存策略解决的是信息保存问题，它们通过配置合理的管理策略，使档案数据长期保存系统进行科学有序管理，达到档案数据长期保存的目的。

4.2 档案数据长期保存管理策略

4.2.1 数据管理

数据管理，即对需要长期保存的档案数据通过数据组织、数据检测等管理手段来确保其真实、完整、可用和安全。

4.2.1.1 数据组织

需要长期保存的数据建议采用 AIP 信息包的方式进行数据组织，将档案目录数据、元数据、档案全文打包封装成 AIP 信息包。结合档案馆数据多全宗、多门类的特点，建议 AIP 信息包采用图 4-2 所示的结构进行组织。

AIP 信息包结构说明如下。

说明文件命名为"说明文件.TXT"，一个信息包只有一个说明文件，存放本信息包有关信息，包括信息包编号、信息包制作单位、信息包检查单位、读取本信息包内档案所需要的软硬件环境及其他各种有助于说明本信息包的信息。

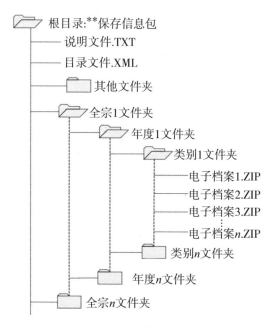

根目录:**保存信息包
—— 说明文件.TXT
—— 目录文件.XML
—— 其他文件夹
—— 全宗1文件夹
—— 年度1文件夹
—— 类别1文件夹
—— 电子档案1.ZIP
—— 电子档案2.ZIP
—— 电子档案3.ZIP
—— 电子档案n.ZIP
—— 类别n文件夹
—— 年度n文件夹
—— 全宗n文件夹

图 4 - 2　AIP 信息包结构

目录文件命名为"目录文件.XML",存放有关档案的目录信息,目录文件中的每条记录与每份档案相对应,根据档案具体归档方式进行文件级描述或案卷级描述(这里以案卷级描述为例,进行案卷级描述时,"目录文件.XML"中既包括案卷目录信息,也包括各案卷的卷内文件目录信息),每条记录包括信息包内档案顺序号、档号、责任者、题名、日期、密级、主题词、附注等信息。

电子文件夹由多个全宗文件夹组成,以全宗号命名,存放档案数据及其元数据,一般按年度—类别—文件的层次设置文件夹。根据档案整理、分类方法以及实际情况,各档案机构可对存储结构中的年度、类别、案卷等层级进行取舍。

为保证档案信息的完整性,备份时建议以每份档案为单位,将构成档案的电子文件内容及其元数据进行封装操作,形成封装包,建议采用 ZIP 包。对于封装包中各类电子文件的格式,应采用符合 GB/T 18894—2016《电子文件归档与电子档案管理规范》、GB/T 33190—2016《电子文件存储与交换格式—版式文档》、DA/T47—2009《版式电子文件长期保存格式需求》等相关规范规定的长期保存格式，对于尚未明确长期保存格式的文件类型，应尽量选择主流、开放、标准的格式。

4.2.1.2 数据检测

数据检测是对档案数据的真实性、完整性、可用性、安全性进行检测，以保证长期保存数据的可读、可用，是及时发现数据问题的一个非常重要的手段。数据检测的具体要求可参照《文书类电子档案检测一般要求》（DA/T 70 - 2018）执行。

数据检测可以采用抽检的方式，每次抽检比例不能低于10%。按照《档案数据硬磁盘离线存储管理规范》（DA/T 75 - 2019）的要求，硬磁盘上的档案数据建议每两年检测一次；按照《电子档案存储用可录类蓝光光盘（BD - R）技术要求和应用规范》（DA/T 74 - 2019）的要求，档案级蓝光光盘上的档案数据建议每四年检测一次。

在数据检测过程中，若发现数据丢失、数据损坏等异常情况，应及时进行数据恢复，并对数据检测过程信息、异常情况处理信息等进行记录。

4.2.2 载体管理

4.2.2.1 载体保管设备

目前，市场上主流的保管设备有磁盘阵列、蓝光光盘库、光磁库、防磁柜等。

（1）磁盘阵列

磁盘阵列是基于磁盘的存储备份设备，一般由中央控制器、容错机制和多块，甚至数百块高速、大容量专用硬磁盘等构成的大型磁盘组。磁盘阵列储存数据时，会将数据切割成许多区段，分别存放在不同的硬磁盘上，再通过容错技术容错、热备硬磁盘，当其中一个或多个硬磁盘发生故障时，保证数据不丢失，为存储其中的数据提供最大安全保障。磁盘阵列存储容量大且可扩展、随机存取快、数据传输率高、可靠性高，可以用于电子档案在线存储或近线备份。

（2）蓝光光盘库

蓝光光盘库是一种以蓝光光盘或光盘匣为存储载体的具有高可靠性的海量数据近线存储设备，其通过机械手自动精确定位、抓取光盘，从而实现对光盘的自动化管理。蓝光光盘库一般由蓝光光盘、自动换盘机械手和蓝光光驱三部分组成。蓝光光盘库可以实现近线、离线存储，并具有很好的寻址能力。由于光存储介质的生命周期很长，因此，数据的保存时间越长，它的总体拥有成本越低。光存储介质一次性写入，不能修改和删除；抗电磁干扰；存放环境要求低；存储数据的安全性高。

正是由于这些优势，蓝光光盘库在数据长期保存市场上具有良好的发展前景。目前，市面上成熟的蓝光光盘库产品非常多，包括互盟光盘库、华录光盘库、紫晶光盘库、星震同源光盘库等。

（3）光磁库

光磁库是在光盘库基础上的升级产品，它以蓝光光盘为主要存储载体，综合运用了磁盘、光盘、固态硬盘等多种存储介质，可自定义存储备份策略，实现磁光混合存储。相对于光盘库，它采用了多种存储介质，可以充分发挥各种存储介质的优势，既能满足数据高效访问的需求，也能实现数据长期保存，实现绿色、节能、环保。国家标准《磁光电混合存储系统通用规范》（GB/T 41785—2022）已正式发布，这将进一步推进光磁库产品的规范化、标准化。

目前，国内主要的蓝光存储厂商如苏州互盟、紫晶存储、星震同源、中科开迪、易华录等都已经推出各自的光磁库产品。

（4）防磁柜

防磁柜针对外部磁场过大、热源太强或有强烈震源等原因引起的磁性载体消磁现象，采用优质冷轧钢板、内部专业防磁构造设计，能有效地屏蔽磁场、阻隔热源，从而使录音带、录像带、磁带、磁盘等载体的存放更加安全可靠。防磁柜可以防止外来磁场对柜内磁性产品产生磁化作用，当空间磁场强度到达 6000GS（高斯）以上时，柜内装具间磁场不大于6GS，符合磁性产品的保质要求，是磁性产品保管的理想产品。档案馆普遍采用防磁柜保存磁性载体，如录音带、录像带、光盘、软盘、硬磁盘等。

4.2.2.2 载体管理措施

对于硬磁盘、磁带、蓝光光盘、胶片等不同的存储载体，其管理措施存在差异，下面分别进行介绍。

（1）硬磁盘管理措施

对硬磁盘的操作使用须特别小心，且要防止数据被删除、篡改，因此，应尽量不借用。硬磁盘使用过程中须避免出现以下问题。

①频繁读取。一般来说，硬磁盘的寿命和硬磁盘的读写次数密切相关，读写次数越多，寿命就越短。硬磁盘的工作属于精密机械一类，里面有硬盘盘片、带动盘片转动的电机、磁头、磁头伺服电机，这些都属于机械装置，是会被磨损的。特别是磁头和磁头伺服电机，每次读写数据的时候，伺服电机都会带动磁头在盘片上精确定位，以找到数据的位置。读写数据越多，这个操作越频繁，所造成的磨损也就越大。

②强行切断电源。硬磁盘在读写时处于高速运转状态，若此时强行切断电源，将导致磁头和盘片猛烈摩擦，从而损坏硬盘。

③震动。硬磁盘在拿取、运输或工作时，一旦发生较大的震动，很容易造成磁头和盘片损伤，导致数据损坏。

④数据修改或丢失。硬磁盘可以任意写入、修改或删除数据，因此，从数据安全性来讲，其不适宜作为长期安全保存档案数据的载体。

硬磁盘保存过程的主要管理措施包括定期加电、定期检测。

①定期加电。定期对硬磁盘进行稳压加电，可以将硬磁盘放置在硬盘盒中，连接计算机进行加电；也可以利用硬磁盘专用存储设备进行自动定期加电。加电的周期可以设为3个月一次，每次加电的时间不低于2小时。加电完成后应及时记录硬磁盘加电情况，包括加电起止时间、状态是否正常等。

②定期检测。定期对硬磁盘进行检测,检测周期可以设置为 2 年一次。可以将硬磁盘放置在硬盘盒中,连接计算机进行检测,也可以利用硬磁盘专用存储设备进行自动定期检测。

硬磁盘可采用操作系统自带测试功能或者第三方检测软件进行检测,当发现有坏块的时候,应立即实施数据迁移。

（2）磁带管理措施

磁带保存过程中的管理措施主要是定期检测。检测周期不宜超过 2 年,检测方式可以采用全检或者抽检。具体检测标准和要求可以参考《档案数据存储用 LTO 磁带应用规范》（DA/T 83—2019）。当被检测的磁带发现有问题时,应立即进行复制、更新,或转换到其他存储载体上。此外,还应尽量减少取用磁带档案的次数,特别是要防止激烈碰撞、摔打、震动。

（3）蓝光光盘管理措施

蓝光光盘保存过程中的管理措施主要是定期检测。蓝光光盘的检测可以参考《电子档案存储用可录类蓝光光盘（BD - R）技术要求和应用规范》（DA/T 74—2019）。当蓝光光盘的性能参数达到或者超过三级预警线时应立即实施更新。

拿取光盘时,要戴上专用无毛白细手套,用两根手指夹住光盘档案的外缘和中心孔,不要触碰数据区,禁止用手挤压和弯曲光盘。保管过程中,禁止用硬笔在标记面上进行任何形式的书写、刻画,因为标记面保护涂层非常薄,轻微的划伤都可能大面积地破坏信息记录的坑点,导致原始记录损坏;禁止在光盘的激光读出面数据区书写、粘贴标签。

（4）胶片管理措施

胶片保存过程中的管理措施主要是定期检查,检查内容包括胶片物理形态（卷曲、变形、脆裂、粘连、乳剂层脱落等）是否有变化,胶片的技术指标（密度、解像力）是否有变化,胶片是否有其他可见性（微斑、变色、生霉等）变化,包装材料是否有变形、脆化、发霉的现象。检查周期为 2 年一次,可以采用抽检的方式,每次抽取 20% 的样品进行检查。检查过程应及时记录，发现问题应详细记录问题信息及处理过程和结果。

同时，为了防止胶片变形，胶片应垂直或悬挂放置，不宜重叠平放，避免受到挤压。

4.2.3 环境管理

环境管理是指各类存储载体应在合适的保存环境中进行管理。影响各类存储介质长期安全保管的因素包括材料本身的特性（内因）和外部环境因素（外因）两个方面。需要采取针对性措施来尽量降低这些风险，以达到长期安全保管的目的，可以参照《磁性载体档案管理与保护规范》（DA/T 15—1995）、《档案馆建筑设计规范》（JGJ 25—2010）、《电子文件归档与电子档案管理规范》（GB/T 18894—2016）、《档案馆空调系统设计规范》（DA/T 87—2021）等标准的相关规定和要求。各类存储载体对保管环境的要求如下。

（1）硬磁盘保管环境要求

硬磁盘保管时应注意采用防火、防水、防磁、防尘等安全措施，配备可覆盖全部场地的防盗报警、视频监控等设施设备并确保其正常运行。硬磁盘对保管环境的温湿度要求如表4－1所示。

表4－1　　　　　　　　硬磁盘对保管环境的温湿度要求

温度范围	14～24℃
相对湿度范围	40%～60%
温度变化	±2℃
相对湿度变化	±5%

（2）磁带保管环境要求

DA/T 15—1995《磁性载体档案管理与保护规范》、JGJ25—2010《档案馆建筑设计规范》、GB/T 18894—2016《电子文件归档与电子档案管理规范》、DA/T 87—2021《档案馆空调系统设计规范》等标准对磁带档案保存环境温湿度的要求不太一致，结合实际综合考虑，库房应在温度 14 ~ 24℃、相对湿度 40% ~ 60% 范围内选定一组数值，一旦选定，24 小时内温度变化不得超过 ±2℃，相对湿度变化不得超过 5%。最佳环境温度和湿度分别为 18℃ 和 40%。磁带对保管环境的温湿度要求如表 4 - 2 所示。

表 4 - 2 磁带对保管环境的温湿度要求

温度范围	14 ~ 24℃
相对湿度范围	40% ~ 60%
温度变化	±2℃
相对湿度变化	±5%
可吸入颗粒物 PM10	< 0.15mg/m³
菌落总数	< 2500cfu/m³

依据消磁原理，当磁带处于外磁场强度超过 30 奥斯特的环境中时，会产生磁化效应；当磁带处于外磁场强度超过 50 奥斯特时，就会将磁带的信息抹掉。所以，应远离磁场源（永久磁铁、马达、变压器等），使环境磁场强度小于 30 奥斯特。不得将任何磁性材料及其制品（包括磁化杯、保健磁铁、磁铁图钉等）带入库房，有条件应配备测磁设备监测隐蔽磁场。磁带应设置专门的磁性载体库房，集中统一保管，有条件的则使用单独的磁带库房，甚至建设专门的防磁库房。库房配置恒温、恒湿空调系统和温湿度自动控制系统，安装符合国家或行业标准的消防、安防系统，制定专门的磁性载体库房管理和档案借用制度。

光能够以热的形式通过加剧磁分子的热运动来改变其原磁化状态、软化磁层或加快带基的形变，光中的紫外线还能引起底基、黏合剂等高分子材料的降解。因此，磁带档案应避光保存，要避免阳光直接照射进库房，应安装遮阳或防光窗帘；还应控制照明光源的紫外线含量和照度，宜选用不含紫外线的节能冷光源，如 LED 光源，照度应控制在 50 ~ 75lx（0.25m 垂直面）。

空气中的有害气体，如二氧化硫、臭氧、甲醛等，不光对工作人员的身体有害，还会污染、腐蚀、氧化、破坏磁带各成分，导致信号丢失，最终无法使用。为此，在空调和其他机械通风口应安装高效空气过滤净化器，并定期清洁维护空调设备和净化设备，这样既可除尘，又可去除有害气体。磁带保存环境中有害气体限值如表4-3所示。

表4-3　　　　　　　　　　磁带保存环境中有害气体限值

有害气体	浓度限值	单位
二氧化硫（SO_2）	≤10	10^{-9}（体积分数）
氮氧化物（NO_x）	≤10	10^{-9}（体积分数）
臭氧（O_3）	≤10	10^{-9}（体积分数）
乙酸（CH_3COOH）	<4	10^{-9}（体积分数）
甲醛（$HCHO$）	<4	10^{-9}（体积分数）

每盘磁带都应装入配套的磁带盒，盒子一旦破损，应及时更换。应使用专门的防磁柜，以屏蔽周围环境磁场。不宜将磁带放在一般的铁箱、铁柜、铁盒中，这些铁质装具可能被磁化而产生剩磁，从而对磁带有或多或少的磁化作用。磁带档案如放入有磁屏蔽的装具中，应距装具内壁至少26mm，装具最低一层搁板应高于地面30cm以上，磁带应垂直放置或一盘盘悬挂放置，使其受力均匀。

灰尘等微粒一旦污染了磁带表面，必然会磨损磁层，增大噪声干扰，腐蚀、粘连磁带，严重的会增大信号漏失率。据介绍，如果粉尘使磁层表面凸起$13\mu m \times 1\mu m$（高×宽），便能引起信号失真。根据有关规定，库房内颗粒物的限值应≤$50\mu g/m^3$，库房空气质量应达到的洁净度为一万级。为此，应保持库房和装具清洁，一方面要定期打扫除尘，另一方面要安装高效空气过滤净化器。拿取时应戴上非棉制手套，避免用手直接接触磁带，还要避免磁带接触不清洁表面，如地面、桌面。

（3）蓝光光盘保管环境要求

温度和湿度是光盘档案的使用和保存环境中最基本、最经常起作用的因素。低温干燥、恒温恒湿的温湿度环境，最适宜光盘档案的保存。光盘档案的类型复杂，各种组成物质因其性能各有差别，适宜的温湿度条件不尽相同。综合考虑各组成物质的特点，根据有关标准，适宜的保存条件是温度为 4 ~ 20℃、相对湿度为 20% ~ 50%，并且每日温度变化不应超过 ±2℃，每日相对湿度变化不应超过 ±5%。有关资料显示，温度每升高 10℃，光盘档案的块错误率值就增大 5 倍以上；高湿或过于低湿的环境对光盘档案的径向噪声（RN）影响明显，说明光盘档案的形变在增加。蓝光光盘保管环境具体要求如表 4 - 4 所示。

表 4 - 4　　　　　　　　　蓝光光盘保管环境具体要求

温度范围	4 ~ 20℃
相对湿度范围	20% ~ 50%
温度变化	±2℃
相对湿度变化	±5%
照度	≥50lx
紫外线含量	≤75μw/lm

　　光与温湿度一样，也是光盘档案保存与利用过程中最基本、最常见的外界影响因素，主要来自太阳光的光辐射和人工光源。各种光中的紫外线对光盘档案的影响最为严重。当光盘档案受到强光，特别是紫外光的照射时，其有机材料中的染料分子链将会被打断，或在空气中氧的作用下引发一系列光氧化反应，使光盘档案老化。老化形式主要有外观上的变化，如变色、褪色、长斑、龟裂和形变；物理性质变化，如材料的溶解度、比重、吸湿性和透光性发生变化；机械性能的变化，如强度、耐折度下降，分子结构的变化，如产生交联、分子量变小，等等。防光措施有很多，如减少门窗数量和面积、使用内外遮阳、采用防紫外线膜或紫外线吸收剂、配置无紫外线灯具等。库房紫外线含量不得超过 75μw/lm。

　　光盘档案库房要做好空气净化，一方面要过滤掉空气中的颗粒污染物，如沿海有较多海盐（NaCl）微粒，要避免它们掉落在光盘档案上造成磨损和污染等；另一方面要去除有害气体，如氟化氢（HF）、氯化氢（HCl）、氨气（NH_3）、有机溶剂和其他氧化性气体等，它们会和光盘档案的组成材料发生化学反应，使材料腐蚀、光盘龟裂、信息丢失。可在空调和其他机械通风口安装高效空气过滤净化器，在空气进入库房前就除去以上污染物质，保证库房空气洁净，空气洁净度应达到一万级。另外，还应定期清洁库房和装具，进出库房人员也应做好卫生防护工作，如穿戴专门的帽子、衣服、口罩和鞋套等。

光盘应一张一盒保存在质地优良的配套保护盒中，切不可夹在书籍等表面粗糙的物品中，也不要使用光盘册等塑料护套，以免抽取时划伤光盘表面；禁止用夹子、橡皮筋等捆夹，避免因挤压和抽取造成磨损和划痕。光盘盒应垂直摆放，禁止堆叠，以防机械碰撞和挤压变形。

（4）胶片保管环境要求

温度过高、湿度过大易引起胶片乳剂层中的明胶变性和片基老化，综合考虑各组成物质的特点，根据有关标准，胶片库房温度应低于21℃，相对湿度应在20%~30%，且24小时内温度变化不得超过±2℃，相对湿度变化不得超过5%。此外，当库内外温湿度相差较大时，胶片进出库房前应先在调节室或调节柜中进行温度和含水量调节。胶片保管环境温湿度具体要求如表4-5所示。

表4-5　　　　　　　　　　胶片保管环境温湿度具体要求

温度范围	≤21℃
相对湿度范围	20%~30%
温度变化	±2℃
相对湿度变化	±5%

胶片对光线非常敏感，容易受到紫外线和可见光的损害，导致胶片变色、脆裂。保存胶片档案的库房最好选用无窗库房。库房有窗时，可加设外遮阳和内遮阳设施，也可以把窗户密封起来，以防止阳光直接照进库内。

空气中的尘埃、化学污染物和微生物等易使胶片擦伤、产生霉斑及影像褪色，因此，胶片的保存环境中应安装空气净化设备。可使用纸张、塑料或金属材料制作胶片档案的装具。其中，纸张装具应为表面光滑的中性纸张。塑料装具应使用化学性质稳定、不易老化、耐腐蚀、不释放有害气体的塑料。金属装具应为经过氧化处理的铝或不锈钢，也可使用经过喷漆、镀锡或其他防腐蚀处理的金属材料。

胶片有硝酸纤维胶片和醋酸纤维胶片，二者都属于易燃物质，其中以硝酸纤维胶片最易变质、发霉、分解、自燃，火灾危险性较大，应格外加强防火措施。胶片库房应远离火源，禁止将火源或易燃物带入库房，要定期检查电器设备和电线，并在库内设置自动报警装置和气体灭火设备。

4.3　档案数据长期保存技术策略

由于档案数据具有易修改、非直读、载体可分离、环境依赖性等特点，再加上计算机软硬件环境的更新换代速度遵循摩尔定律，几乎不可能出现一种一劳永逸的可以彻底解决数据长期保存问题的技术。为解决数据长期保存问题，应综合使用多种长期保存技术，充分借助于各种长期保存技术的优点，研究制定一套长期保存技术策略。

4.3.1　备份策略

档案数据的长期安全保存是一项世界性难题，做好档案数据的备份是抵御突发性自然灾害和人为破坏、确保档案数据长期安全保存的一项重要措施。档案数据备份的开展首先必须解决一系列的问题：档案数据备份载体如何选择？按照异质备份、异地备份等的要求，档案数据应备份几套？档案管理库中更新的档案数据，多久备份一次？当遇到载体保管期限到期、技术淘汰等问题时，备份数据该如何处理？当档案管理库的数据出现丢失、损坏等情况时，如何从备份数据中恢复……

为解决以上问题，必须对档案数据的备份策略展开深入研究，制定一套科学、合理、完善的备份策略，为开展档案数据备份工作提供指导。

4.3.1.1 载体选择策略

档案数据常用的备份方式包括在线备份、离线备份、异地备份、异质备份。

在线备份是将档案信息通过计算机网络自动备份到本地或异地的备份设备中。相对于离线备份方式，在线备份具有自动、便捷等优势，但是针对网络攻击、病毒侵入等人为破坏的情况，在线备份难以发挥作用，档案信息安全难以保证。

离线备份是将档案信息存储于可脱离计算机、存储系统保存的离线介质上。离线备份能有效地防止网络攻击等人为破坏，对于离线异地备份，还能防御地震、洪水、火灾等自然灾害。但是由于离线备份脱离计算机系统，因此，备份数据恢复不便。

异地备份是将档案备份信息存放在异地，包括同城异地备份和远程异地备份。同城异地备份指在管辖的同一城市的不同地点备份档案信息，主要应对火灾、局部灾害时数据恢复的需要；远程异地备份指在不同城市或战区备份档案信息，主要应对地震、洪水、战争等灾难时数据恢复的需要。远程异地备份的备份地点应当选择相距300千米以上，不属同一江河流域、同一电网、同一地震带的地方为宜。当本地发生大面积灾难性破坏时，可通过远程异地备份来保护和恢复数据，使损失降到最小。

异质备份是将档案信息转存到缩微胶片或纸质等模拟载体上进行备份，可以有效降低长期保存过程中的载体技术风险。对于重要档案应进行异质备份，以实现档案信息长期安全保存。

从以上分析可以看出，每种备份方式都有各自的优势和用途，在开展档案数据备份时需要融合应用。但是，为了档案数据的长期保存，应同时兼顾备份的性价比等因素，各种备份方式应该选择不同的备份载体。

通过对存储介质的耐久性研究可以得知，目前，市面上主流的存储介质及适合长期保存的介质主要有硬磁盘、磁带、蓝光光盘、缩微胶片。近年来，数字胶片技术逐步进入大家的视野，并且数字胶片国产化替代工作在国内已经取得重大进展，预计在 2025 年可以进行推广应用。由于数字胶片是符合档案数据长期保存要求的载体，可以用于重要档案数据的异质备份，因此，今后在长期保存存储介质的选择上也可以将数字胶片考虑在内。

各类存储介质的特点对比分析如表 4 - 6 所示。

表 4 - 6　　　　　　　　各类存储介质的特点对比分析

载体类别	载体特点	适用备份场景	保管设备	存储寿命	保存数据方法
硬磁盘	容量大，传输速度高，使用方便、可靠，但保存时间短	短期离线备份；快速全备份	防磁柜	5 年	频繁迁移
磁带	容量大，价格便宜，具有较强的耐用性，可反复读写，但保存时间短	离线备份	防磁柜	10 年	倒带、迁移
光盘、U盘等	价格便宜，使用方便，但保存时间短	常用于个人数据备份	装盒	5 ~ 10 年	迁移
档案级(蓝光)光盘	存储和使用的寿命较长，稳定性好，不易篡改，但关键设备受制于国外	WORM 备份离线备份	光盘库	30 年	检测、迁移
缩微胶片	保存时间长，具有法律效力，但只能保存图像信息，价格昂贵	重要档案异质备份	胶片柜	100 年以上	特定保存条件下可长期保存
数字胶片	保存时间长，具有法律效力，可以保存任意格式电子档案，但价格贵	重要档案异质备份	胶片柜	100 年以上	特定保存条件下可长期保存

从表 4 - 6 可以看出，每类存储载体都有各自的优缺点及适用的场景，单一的存储载体是无法满足档案数据长期安全保存需求的。针对在线备份、离线备份、异地备份、异质备份的需求，各种备份方式可以选择的载体如图 4 - 3 所示。

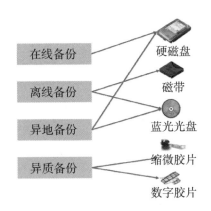

图 4 - 3　针对不同备份需求选择载体

4.3.1.2　多套备份策略

按照档案管理提出的异地、异质、离线备份要求，基于硬磁盘、磁带、蓝光光盘、胶片等不同存储载体的特点，建议采用"4 - 3 - 2 - 1"备份策略，以实现档案数据的多套备份。

需要说明的是，一套胶片异质备份，由于备份制作成本较高，基于性价比的综合考虑没有必要针对全部数据，可针对珍贵的、重要的、价值较高的档案数据。

4.3.1.3　备份更新策略

档案管理库中的档案数据因为档案移交接收、档案数字化成果导入等操作，数据一直在实时更新。由于档案管理库对应的档案信息系统一般都已经建立了完善的数据级和系统级备份策略，基于备份软件定期开展数据备份、系统备份等操作，总的来说已经具备了较好的数据安全性。因此，档案管理库中更新的档案数据可以根据数据更新的频繁程度，按每月/每季度/每半年/每年一次将其更新至长期保存库中。

数据进入长期保存库后，再按照"4-3-2-1"备份策略，利用不同的存储载体，制作多套备份数据，实现异地、异质、离线备份。

4.3.1.4 数据恢复策略

在档案数据长期保存过程中，不管是档案管理库中备份的档案数据，还是长期保存库中备份的档案数据，都有可能因为各种原因而丢失、损坏等，需要进行数据恢复。数据恢复的总体流程如图4-4所示。

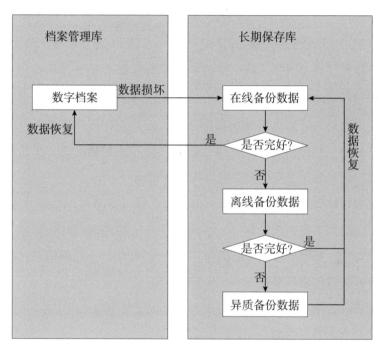

图4-4 数据恢复的总体流程

当档案管理库中的档案数据丢失、损坏时，首先应从长期保存库中的在线备份数据恢复，如果在线备份数据完好，则将需要恢复的数据打包、出库，恢复至档案管理库中；如果在线备份数据也出现问题，则需要从离线备份数据恢复，即从离线备份数据中将数据首先恢复到在线备份数据中，再从在线备份数据恢复至档案管理库中；如果遇到极端情况，离线备份数据也坏了，则需要从异地备份数据中将数据先恢复至在线备份数据中，再恢复至档案管理库中。

当长期保存库中的各类备份载体在定期检测中发现问题时，需要及时从其他备份数据中进行数据恢复。在线备份数据出现问题，首先应从离线备份数据中恢复；离线备份数据出现问题，应马上再制作一套离线数据；在线备份数据和离线备份数据同时出现问题，则应从异质备份数据中恢复。

4.3.2 载体迁移策略

《电子档案管理基本术语》（DA/T 58—2014）中对"迁移"的定义："在不改变文件格式的前提下，将电子档案由一种软硬件配置转移到另一种软硬件配置的过程。"从定义中可以看出，迁移包括数据迁移、系统迁移、载体迁移。我们这里说的迁移主要是指载体迁移，就是在相同载体或者不同载体之间的数据复制，防止因为存储载体性能变化而导致数据丢失。在长期保存技术中，也将这种载体之间的数据拷贝称为"更新"。

通过对存储介质的耐久性研究可以得知，硬磁盘的保存寿命大约为 5 年，硬磁盘上的数据要实现长期保存，必须每隔一定的周期就对硬磁盘上的数据进行迁移操作；档案级蓝光光盘的保存寿命为 30 年，在长期保存过程中也需要定期进行迁移操作确保长期安全保存。

载体迁移策略重点关注迁移载体的选择、迁移时间的确定等问题。

（1）迁移载体的选择

迁移载体的选择首先应考虑载体的寿命问题，选择的载体应该是满足长期保存要求的，并且载体的寿命也不能低于原来的载体。其次，迁移载体的选择还要考虑备份数据的用途，如果是在线备份的数据，则选择的迁移载体要求具有快速响应的能力。同时，新的存储载体不断出现，档案部门应密切关注新型载体的发展动向，及时研究对策，紧跟信息技术的发展，以便选择最优的迁移载体。

（2）迁移时间的确定

载体迁移的关键是选择适当的迁移时间，如果迁移时间太早，则会浪费存储载体；如果迁移时间太晚，则存储载体上的数据可能已经丢失。为了尽量使载体价值利用最大化，建议定期对存储载体进行检测，如果检测结果出现异常，则应尽快开展载体迁移工作。

对硬磁盘的检测可以采用基于 S. M. A. R. T 的数字安全技术。S. M. A. R. T. 的全称为"Self – Monitoring Analysis and Reporting Technology"，中文解释是硬盘自动检测、分析以及报告技术。最早由 Compaq 公司研发并提交技术标准。

硬盘的每项 S. M. A. R. T 信息中都有一个临界值（阈值），不同硬盘的临界值是不同的，S. M. A. R. T 针对各项的当前值、最差值和临界值的比较结果以及数据值进行分析后，提供硬盘当前的状态评估，是直观判断硬盘健康状态的重要信息。根据 S. M. A. R. T 的规定，一般有正常、警告、故障或错误三种状态。S. M. A. R. T 判定这三种状态与 S. M. A. R. T 的 Pre – failure/advisory BIT（预测错误/发现位）参数的赋值密切相关：

当 Pre – failure/advisory BIT = 0，并且当前值、最差值远大于临界值的情况下，为正常标志；

当 Pre – failure/advisory BIT = 0，并且当前值、最差值大于但接近临界值时，为警告标志；

当 Pre – failure/advisory BIT = 1，并且当前值、最差值小于临界值时，为故障或错误标志。

当 S. M. A. R. T 的状态提示为警告标志时，应尽快启动迁移操作。

对档案级蓝光光盘的检测，按照《电子档案存储用可录类蓝光光盘（BD – R）技术要求和应用规范》（DA/T 74—2019）的要求，主要检测参数包括 RSER、BE Sum、UE、ASYM、DC Jitter，具体的检测方法和性能参考指标也参照该标准的要求执行。

4.3.3　格式转换策略

将档案数据转换成符合长期保存要求的格式也是实现档案数据长期保存非常重要的技术手段。一般来说，格式转换的原因主要有三类。

（1）现行标准规范的要求

档案数据产生时，文件格式可能不符合长期保存的要求，为了确保档案数据的长期保存，档案数据进入长期保存库之前就应执行格式转换操作，将档案数据转换成符合长期保存要求的格式。《版式电子文件长期保存格式需求》（DA/T 47—2009）中给出了版式电子文件长期保存格式应满足的十一项需求：格式开放、不绑定软硬件、文件自包含、格式自描述、显示一致性、持续可解释、稳健、可转换、利于存储、支持技术认证机制、易于利用。《电子文件归档与电子档案管理规范》（GB/T 18894—2016）中要求，照片类电子文件以 JPG、TIF 格式归档，录音类电子文件以 WAV、MP3 等格式归档，录像类电子文件以 MPG、MP4、AVI 等格式归档。

根据以上标准要求，建议的格式转换策略参考图 4-5。

文本类档案数据可以转换成 OFD、PDF 格式；

图像类档案数据可以转换成 JPG、TIF 格式；

图形类档案数据可以转换成 SVG、STEP 格式；

录音、录像类档案数据可以转换成 MP3、MP4、AVI 格式；

媒体社交类档案数据可以转换成 HTML、OFD 格式。

（2）技术更新与产品迭代的需求

档案数据大多是以某种编码形式存在的，其读取需要依靠计算机软硬件环境。现如今长期保存的档案数据格式已经转换成了符合长期保存要求的格式，但是由于技术的飞速发展，我们无法确保几十年后该格式依然适合长期保存。当这些格式被废弃或者被取代后，以这些格式保存的档案数据将面临无法读取的风险，并且在目前已知的技术更新频率下，技术淘汰给档案数据带来的威胁远远大于存储载体的损坏给其带来的风险。因此，在长期保存过程中，应时刻关注技术更新与产品迭代，当某些格式即将面临淘汰时，需要及时进行格式转换，向更高级的版本或者更适合长期保存的格式转换。

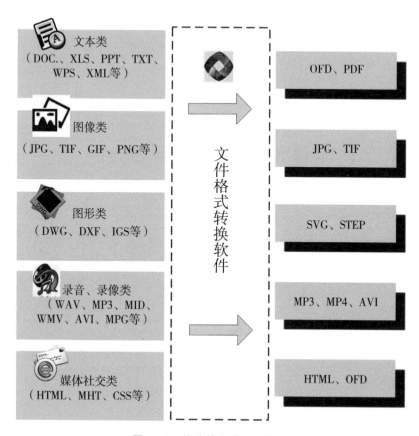

图 4−5　格式转换策略示意图

（3）充分考虑信创背景下自主可控要求

档案数据长期保存也要考虑信创背景下自主可控的战略要求。现在国家虽然尚未要求将电子文件全面向自主可控的格式转换，但这必然是大势所趋。比如，在长期保存过程中，目前档案馆大量存在的 PDF 文件将来可能需要转换成自主可控的 OFD 格式。

5 电子档案备份中心建设方案

本章在存储介质耐久性和长期保存策略研究成果的基础上，针对档案数据长期保存的现状，提出了切实可行的电子档案备份中心建设方案。

5.1 总体设计

5.1.1 建设背景

2021年，中共中央办公厅、国务院办公厅印发的《"十四五"全国档案事业发展规划》中提出要建设"国家电子档案战略备份中心建设项目"，并要求："扎实做好重要电子档案备份工作，建设能够支撑各级国家档案馆开展重要电子档案异地异质备份的专业化备份环境，对离线备份载体根据技术特性进行系统化监测及管理，保证电子档案安全备份。"

电子档案备份中心建设总体目标是以上海市档案馆为依托，建设满足市区两级档案馆、档案移交单位的需求，满足市域范围内档案数字资源安全管理和长期保存。为上海市各级各类档案馆、机关团体、企事业单位档案室提供安全、可靠、经济、便捷的电子档案备份服务，致力于打造国内最安全的数字档案馆。

建设内容如下。

（1）智能化保管设备建设

结合各类存储备份载体的优缺点，配置磁盘、光盘、数字胶片等存储备份设备，以确保档案数字资源能长期安全保存。

（2）电子档案备份管理系统

电子档案备份的目的是确保电子档案的长期保存。电子档案备份管理系统一方面满足各档案馆备份载体的登记管理功能，另一方面针对上海市档案馆的档案数字资源，按照电子档案长期保存的要求，提供电子档案长期保存过程中的自动备份、定期巡检、自动盘点等功能，实现对备份档案数字资源的全方位管理。

由于电子文件易修改、环境依赖、存储载体可分离等特性，单一的备份载体显然无法满足电子档案长期安全保存的需要，比较切实可行的措施是采用不同载体多套备份组合的方式来确保档案数据安全。因此，在备份中心设置一间采用离线的方式保存电子档案的电子档案库房（Electronic Archives Repository，EAR）。电子档案库房实际保存的是存储档案数据的物理载体，如磁盘、光盘、磁带、胶片等。

另外，由于载体本身具有不可直读的特性，还需要配置各种载体的读取设备；由于各种载体的保管条件要求不同，还需要配置各种存放不同特性载体的保管设备，这些载体读取和保管设备统称为电子档案库房装具。

5.1.2　电子档案备份中心定位

电子档案备份中心面向全市各级档案馆、机关团体、企事业单位提供安全可靠、经济便捷的档案数据备份服务。

电子档案备份中心的总体定位如下。

（1）针对市级档案馆的档案数据

按照数字档案馆建设要求，市档案馆将本馆的档案数据备份至电子档案备份中心，相当于建立了本馆的档案长期保存库。按照档案资源在线、离线、异质备份的要求，开展档案数据的备份。

（2）针对区县档案馆、专业档案馆和各类档案室的档案数据

区县档案馆、专业档案馆以及机关、企事业单位档案室的档案数据在所

有权上不属于市级档案馆，电子档案备份中心仅提供对备份载体的保管服务，不对备份载体中的档案数据进行实际操作。备份载体保存在防磁柜、离线光盘库等保管设备中。因此，对于区档案馆、专业档案馆及各档案室来说，电子档案备份中心相当于建立了同城异地备份中心。

5.1.3 电子档案备份中心架构

电子档案备份中心通过搭建专业化的备份环境，配置智能化的档案数据备份载体和设备，建立完善的备份策略，为各级各类档案馆、机关、企事业单位档案室提供安全、可靠、经济、便捷的档案数据备份服务。

电子档案备份中心的总体架构如图 5 - 1 所示。

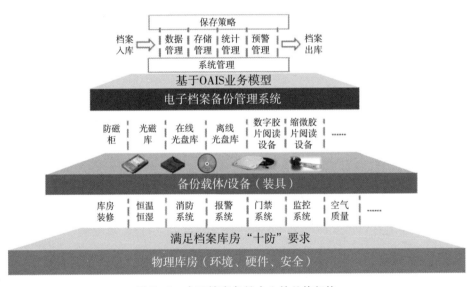

图 5 - 1　电子档案备份中心的总体架构

首先，需要搭建专业化的物理环境，由于电子档案备份中心需要保存磁盘、光盘、胶片等各类存储备份载体，因此，物理环境的搭建需要充分考虑这些载体的保管环境要求，按照档案库房"十防"要求（防火、防盗、防水、防潮、防尘、防光、防虫、防鼠、防高温、防污染）进行建设。

其次，还要配置智能化的装具（包括读取设备）。

专业化的物理环境和智能化的装具（包括读取设备）配置好之后，再搭配完善的备份策略才能有效地开展电子档案备份工作。电子档案备份管理系统一方面满足各档案馆备份载体的登记管理功能，另一方面针对市级档案馆的档案数据，按照档案数据长期保存的要求，提供档案数据长期保存过程中的自动备份、定期巡检、自动盘点等功能，实现对备份档案数据的全方位管理。

5.1.4 备份载体选择

从载体选择策略可以看出，针对在线备份、离线备份、异地备份、异质备份的需求，可以分别选择不同的备份载体。针对各类备份载体的耐久性，从长期保存的性价比和维护工作量角度进行综合考虑，建议采用磁光胶融合的载体选择策略，以充分发挥各种存储载体的优势，延长数据保存时间，消除单一备份载体带来的技术风险。目前市场备份载体常用的是硬磁盘、档案级蓝光光盘和数字胶片。

大容量硬磁盘具有大容量、运行速度快、性价比高等优点，建议选用其作为在线备份的载体，将长期保存库的所有数据存储一份在硬磁盘上。当需要对长期保存库数据进行查询或者数据出库时，可以快速地响应。硬磁盘对应的存储设备可以选择磁盘阵列或者光磁库。

档案级蓝光光盘具有使用寿命长、稳定性好、不可篡改的优点以及响应速度较慢的缺点，建议选用其作为近线/离线备份载体，将长期保存库的所有数据在蓝光光盘上进行近线/离线备份。蓝光光盘对应的存储设备可以选择光盘库或光磁库。

数字胶片具有保存周期长、维护成本低的优点，是最佳的异质备份载体，可以将档案数据加工制作成数字胶片，进行异质备份。但是，数字胶片加工制作成本比较高，因此，建议只将重要和珍贵的档案数据加工成数字胶片进行异质备份。

按照"4-3-2-1"数据长期保存（备份）策略，基于硬磁盘、蓝光光盘、胶片三种备份载体，实现档案数据的多套备份，满足档案管理规定的异质、异地、离线备份要求。

5.2　软硬件建设方案

从上面的总体框架可以看出，电子档案备份中心的建设包括备份库房建设、装具建设、管理系统建设三部分。

5.2.1　库房建设

电子档案备份中心建在市级档案馆内，为满足全市各级各类档案馆、档案室档案数据备份的需求，建议选择 50 平方米左右的空间作为电子档案备份中心的物理场地。

基于电子档案备份中心的物理场地建设电子档案库房，应严格按照档案安全保护的"十防"要求建设，让电子档案备份中心的环境更适宜、档案数据存放更安全。具体建设内容包括环境监控设备、安全防范设备等。

5.2.1.1　环境监控设备

按照各类载体对温湿度及空气质量的要求，应配置区域智能控制器、空气质量云测仪、恒湿净化一体机、智能控制模块、串口学习型红外遥控器控制器、漏水传感器、空调等设备，实现对环境数据的实时监控，通过软件系统集中管理统一调度环境设备，净化空气，自动恒温、恒湿净化。

（1）区域智能控制器

区域智能控制器可以与库房内的空气质量云测仪、恒湿净化一体机、空调等设备集成，实现远程控制设备运行，查看库房温度、湿度、PM2.5、CO_2、TVOC、PM10 等环境数据的曲线报表，提供专业的报警信息记录，帮助不同的用户分析和处理问题。

（2）空气质量云测仪

空气质量云测仪能够采集电子档案备份中心内六路空气环境指标，包括温度、湿度、PM2.5、PM10、TVOC 以及 CO_2 值，采用高精度传感器，测量精度高，性能稳定。空气质量云测仪采用先进的无线通信方式与区域智能控制终端进行数据通信，减少了走线，既美观又方便，直接安装在天花板或者墙壁上即可。

（3）恒湿净化一体机

恒湿净化一体机集合了自然蒸发加湿的纯净、节能和净化机的除尘、除菌、除异味，以及 PM2.5 有效净化、环保冷媒除湿等诸多功能，一机三用，除湿、加湿、净化同步运用，使设备运行更可靠、功能更强大、使用更简单。

对传感器采集的温湿度、TVOC、PM2.5、CO_2 自动进行对比分析，如出现库房湿度超出设定范围，将自动驱动恒湿净化一体机运行，实现库房内恒湿自动运行功能，满足档案库房的恒湿要求。当温湿度、TVOC、PM2.5、CO_2 等参数发生变化时，根据系统参数设置，界面上会通过不同颜色的图形和文字来提示当前空气质量或者温湿度数据状态。

恒湿净化一体机采用高压静电吸附除尘技术，PM2.5 一次通过净化效率高达92%以上。在限定的使用条件下，灭菌效率甚至可达到无菌室要求，符合档案馆的灭菌要求。恒湿净化一体机通过不可逆的化学吸附作用，采用高效的化学滤料，净化有害、有毒气体，对甲醛、苯系物、氨等尤为有效。此外，它还能持续产生负离子，使室内的空气处于健康状态。

（4）智能控制模块

智能控制模块须具备以下功能：支持有线—无线传输，有线支持 RS485 通信协议，最大发射功率为17dbm（50MW），无线通信频段为 472～485MHz，符合全球 ISM 频段通信标准，无须申请频点。

（5）串口学习型红外遥控器控制器

通过学习型红外遥控器可学习市面上的主流空调遥控器，达到电子档案备份中心环境监控设备一体化控制的效果。

（6）漏水传感器

漏水传感器是一款高性能的漏水检测设备，检测线缆时可兼容连接各类检测线缆，检测电极时可以和其他检测探头配套使用，通过其输出的继电器触点信号，可与各种监控系统相整合，实现远程报警及对远程设备的控制。

漏水传感器采用高灵敏的元器件，既能保护检测时的高灵敏性，又能避免各种外界因素所造成的误警，还设计有独特的防浪涌保护功能。提供相互独立的泄漏报警和故障报警继电器，由于故障继电器为常态通电模式，因此，对断电情况也会发出报警信号。

（7）空调

配置 1 台空调，用于电子档案备份中心温度控制，可通过红外线与区域控制器进行集成。

5.2.1.2 安全防范设备

参照《档案馆建筑设计规范》（JGJ 25—2010）中第 5.8 节安全防范要求，应设置视频监控、出入口控制等安全防范措施，具体措施为：

（1）监控系统

配置一套监控系统，采用 200 万红外半球监控摄像机，全方位监控电子档案备份中心的实时画面。

（2）门禁系统

配置一套门禁系统，出入口部署门禁控制设备，通过人脸、指纹、门禁卡、密码等方式控制人员的进入，只有具有权限的管理人员才能进入，能有效保证档案数据安全。

5.2.2 装具建设

基于磁光胶融合的"4－3－2－1"备份策略，电子档案备份中心需要配置各种备份设备，以满足在线、近线、离线、异质备份的需要。具体需要配置的设备包括光磁库、离线光盘库、防磁柜、胶片柜/胶片库房、数字胶片阅读设备等。

（1）光磁库

光磁库是以蓝光光盘为主要存储载体、以档案数据长期保存系统为核心打造的软硬件一体设备，综合运用了磁盘、光盘、固态硬盘等多种存储介质，采用磁光电混合存储方案，集智能监控、管理软件于一体，为用户提供自动备份、自动盘点、定期检测、智能恢复、问题跟踪处理等功能，主要由主机模块、存储模块、监控模块和管理软件组成。

主机模块内置高性能服务器，用于安装部署长期保存系统。配置了SSD固态硬盘，能满足大量数据高速处理的需要（如出入库数据检测）。

存储模块采用磁光混合存储方案，能确保数据安全。在线存储单元选用大容量磁盘阵列，近线存储单元选用高速光盘库。

监控模块实时监测光磁库各个组成部分的运行状态，发现问题及时预警。

管理软件用于实现对存储介质的出入库管理、日常维护、巡检和恢复，包括存储管理、任务管理、设备管理、配置管理等功能。

根据上海市档案馆现有数据量情况，以及未来几年数据增长情况，光磁库至少需提供200TB的磁盘存储空间和200TB的光盘存储容量。

（2）离线光盘库

离线光盘库属于离线存储设备，可实现对离线光盘的安全保管和查询管理。与在线光盘库搭配使用，可灵活搭建成"在线 + 离线"的海量蓝光存储系统，将那些不经常访问又需要长期保存的数据转存到离线存储设备中，可以减少总体存储成本、提高系统性能。

在光磁库中，可同时制作两套光盘数据，其中离线备份的一套光盘保存在离线光盘库中。

（3）防磁柜

防磁柜用于保管硬磁盘、移动硬盘、磁带等，各单位向档案馆移交的各类存储载体都可放置在防磁柜中进行保存。防磁柜采用优质冷轧钢板，内部专业防磁构造设计，能有效地屏蔽磁场、阻隔热源，从而使录音带、录像带、移动硬盘、磁带等资料的存放更加安全可靠。

（4）胶片柜/胶片库房

胶片柜/胶片库房用于保存加工完成的数字胶片。具备电子锁开关门控制模块，可对开关门状态进行检测；具备身份认证模块，有权限的人员才能进行操作；配置烟感装置和环境传感装置，可实时感应柜体的烟雾和温湿度情况；配置 RFID 定位，确保每卷胶片和存放位置一一对应。

当需要加工的胶片达到一定数量后，可以建设一个专门用于存放胶片的库房，在其中放置胶片柜，设置合适的温湿度，用于妥善保管数字胶片。

（5）数字胶片阅读设备

配备一套数字胶片阅读设备，可以根据需要读取和还原数字胶片上的档案数据。数字胶片阅读设备内置解码软件，可对编码图像进行解码处理，将其还原成原始文件。

数字胶片读取设备由电控系统、光学系统、机械系统和解码软件组成。电控系统是整个设备的控制中心，解码软件部署在电控主板上；光学系统利用高速高清 CCD 拍摄胶片上的编码图像，为解码做准备；机械系统实现胶片的传动和收放操作；解码软件对编码图像进行解码处理，将其还原成原始文件。

5.2.3 管理系统建设

电子档案备份管理系统基于 OAIS 模型，实现对备份的档案数据和备份载体的统一信息化管理，包括数据可视化展示、备份载体管理、数字档案长期保存管理、系统管理等功能模块。电子档案备份管理系统功能模块示意图如图 5-2 所示。

（1）数据可视化展示

其与备份中心各类智能设备集成，获取设备信息和环境信息，并对备份中心的设备、载体、数据、环境、预警等信息进行展示。

①设备接口集成：通过调用设备提供的接口，与备份中心配置的智能设

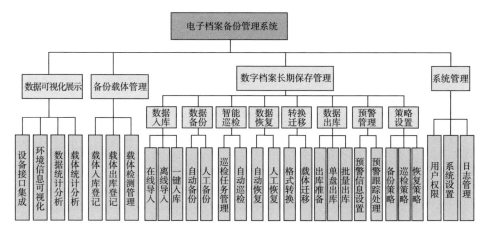

图 5－2　电子档案备份管理系统功能模块示意

备进行集成，实现各类设备信息的实时显示。

②环境信息可视化：展示备份中心的温度、湿度、二氧化碳、PM10、PM2.5、TVOC 等，以曲线方式直观展示当日、当月的环境信息变化。

③数据统计分析：对备份中心入库记录、出库记录、盘点记录、巡检记录、恢复记录、系统安全运行总时长等数据进行图形化统计分析。

④载体统计分析：分析对备份中心各类智能设备/装具中保管的磁光胶等载体情况进行图形化统计分析。

（2）备份载体管理

备份载体管理针对备份中心保管的各类备份载体，提供备份载体入库登记、出库登记、定期检测管理等功能。

①载体入库登记：提供入库信息登记功能，包括单位名称、备份载体信息、备份数据介绍、入库日期、存放位置、交接人等信息。

②载体出库登记：提供对备份载体出库日期、交接人、审批人、出库原因等信息的登记功能，并且对载体的归还进行登记，包括归还人、归还时间、交接人、存放位置等信息。

③载体检测管理：根据离线硬磁盘、档案级光盘等相关标准要求，对各类备份载体进行定期检测，确保备份载体长期可用，也便于发现问题并及时

将旧载体中存储的数据迁移到新载体中。系统对部分载体提供自动检测功能并记录检测信息，对部分需要人工检测的载体提供检测信息的登记功能，包括检测时间、检测内容、检测结果等。

（3）数字档案长期保存管理

数字档案长期保存管理针对备份中心的数据，提供出入库管理以及长期保存过程中的数据备份、定期巡检、自动盘点、自动恢复等管理功能，通过全面的数据检测、多套数据安全备份、实时监控预警，确保档案数据在长期保存过程中的真实、完整、可用和安全。

①数据入库：通过在线入库或者离线数据导入的方式接收档案数据进入备份中心，在入库过程中对 AIP 数据包进行导入、检测、解析、入库等系列操作，对入库过程进行全程日志记录。

②数据备份：按照事先设置的备份策略，自动完成数据备份，将数据保存在磁盘保存区、光盘保存区。也可以进行手动备份，如胶片异质备份，并对备份过程进行记录。在对光盘进行备份时，可调用光盘打印机，进行光盘封面打印。

③智能巡检：按照事先设置的巡检策略，自动完成数据巡检。系统可自动记录巡检过程，生成巡检报告，巡检报告支持下载、查看。

④数据恢复：当数据出现异常时，系统提供数据恢复功能，可自动从其他备份载体中恢复数据，支持恢复状态的记录和查看。对于无法自动恢复的载体（如数字胶片），支持数据恢复操作的信息登记功能。

⑤转换迁移：当备份中心的档案数据需要进行格式转换或者载体迁移时，一般由人工操作，并在系统中登记整个操作过程信息。

⑥数据出库：对于数据出库需求，系统提供按数据包批量出库功能；对于个性化出库需求，系统提供档案查询功能，支持对检索结果进行单盘出库、光盘刻录等功能。对出库过程进行全程日志记录。

⑦预警管理：可对系统中支持的各类预警进行设置，并对系统运行过程中产生的预警进行管理，全程记录预警处理过程。

⑧策略设置：对备份策略、巡检策略、预警策略等进行设置。

（4）系统管理

系统管理可提供用户权限管理、系统设置、日志管理等基础管理功能。

5.3　策略设计方案

针对电子档案备份中心设计的长期保存策略，按照档案数据入库、日常管理和出库的流程，分别从入库管理、日常管理和出库管理三个环节进行描述。

5.3.1　入库管理

数据入库过程如图 5 - 3 所示。

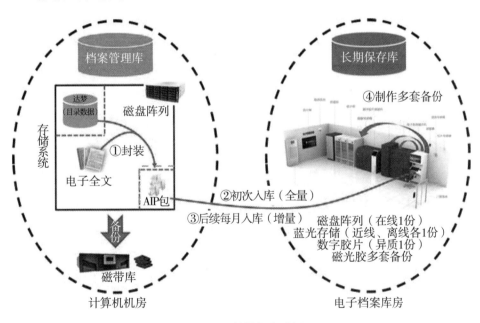

图 5 - 3　数据入库过程

第一步，将档案管理库中需要进行长期保存（从 50 年到永久）的数据按照 AIP 保存信息包格式进行封装，需要从关系型数据库（达梦 DM）中抽取目录数据和文件系统中的对应电子全文打包封装（建议采用 ZIP 包格式），并按照一定的目录结构组织好，存放在指定的临时存储区域中。

第二步，建立电子档案库房，配备磁光胶等多种载体的保管设备和阅读设备。在管理库，需要长期保存的数据完成封装之后进行首次数据入库，即将封装好的 AIP 数据包全部迁移到长期保存库的磁盘存储区域，管理库中不再保留 AIP 数据包。数据迁移时视实际情况可以通过网络存储，也可以采用移动存储载体。

第三步，管理库中每次出现更新（新增、修改或者删除）的档案数据时触发封装操作，将更新的档案数据封装成 AIP 数据包（其中删除时为空包），并按照一定的目录结构组织好，存放在指定的临时存储区域中；累积到一个月时触发增量入库操作，将当月累积的 AIP 数据包迁移到电子档案库房的磁盘存储区域中并更新长期保存库中的数据。

第四步，不管是初次入库还是增量入库，都会触发电子档案库房的多载体备份操作，按照"4－3－2－1"的备份策略将磁盘中的档案数据分别备份到蓝光光盘和数字胶片上。

入库阶段涉及的策略主要包括以下方面。

筛选策略：按照一定的规则将管理库中需要封装的长期保存档案数据筛选出来，基本判断依据是保存期限从 50 年到永久，其中重要档案数据需要异质备份。

AIP 结构：ZIP 包格式，封装之后需要通过"四性"检测，只有符合规范要求的数据包才允许入库。

AIP 更新策略：从管理库到长期保存库的 AIP 数据包更新方式，首次全量，后续每月增量。

5.3.2　日常管理

由于档案数据长期保存的期限很长，检测、备份、恢复、迁移、转换等各种操作又很烦琐，需要配备专门的电子档案长期保存管理软件（电子档案备份管理系统）对长期保存库的日常维护操作进行管理，并将相应的管理策略固化在软件中，由软件按照一定的策略规则自动执行或辅助人工进行管理。

在长期保存库日常管理中涉及的策略主要包括以下方面。

多载体备份策略："4 – 3 – 2 – 1"备份策略，即 4 套数据（1 套在线、1套近线、1 套异质、1 套异地），3 种载体（磁盘、光盘、胶片），2 套离线（1 套光盘、1 套胶片），1 套异地（光盘）。

巡检策略：对档案数据和存储载体进行检测，原则上每两年对长期保存档案数据进行一次全面检测；每季度对长期保存的档案数据进行抽检，抽检比例不低于 5%；数字胶片的抽检可以放宽到 10 年一次。

数据恢复策略：采用先在线，再近线，再离线，再异质的方式。

载体迁移策略：一般由巡检结果触发，通常是相同载体之间的数据迁移，由新载体替代老旧载体；也可以由人为决策触发，通常是某种载体即将被淘汰，需要用新类型的载体全面替换旧类型的载体，这种情况通常需要专门制定迁移方案。

格式转换策略：格式转换策略通常由人为决策触发，当某种文件格式即将被淘汰时，需要将 AIP 数据包中的该文件格式全部转换成目标格式，这种情况通常需要专门制定转换方案，由人工操作完成。

5.3.3　出库管理

数据出库的原因大致包括管理库调取、载体外借和异地备份三种情况。其中，载体外借以及归还的管理类似于实体档案出入库管理，电子档案备份管理系统中提供了备份载体出库管理功能，详细情况可参见前文描述。下面我们对管理库调取和异地备份两种情况进行描述。

5.3.3.1　管理库调取

管理库调取数据可能是用于数据恢复，也可能是需要进行业务操作（如档案鉴定），不管什么原因，其出库过程基本一致，如图 5 – 4 所示。

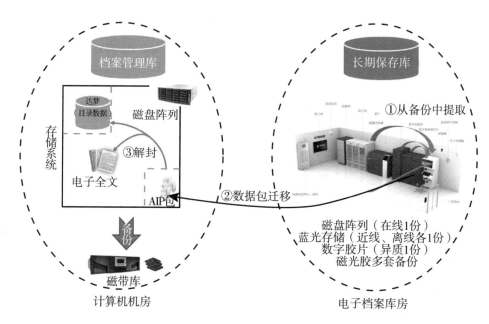

图5-4 数据出库过程

第一步，按照先在线，再近线，再离线，再异质的顺序从在线、近线、离线、异质备份中提取管理库所需的 AIP 数据包，暂存在在线存储的指定存储区域。

第二步，将待出库的 AIP 数据包迁移至管理库的指定存储区域，数据迁移时视实际情况可以通过网络，也可以采用移动存储载体。

第三步，对迁移过来的 AIP 数据包进行解封操作，将目录存入关系型数据库，将电子全文置于对应的文件系统中。

管理库调取出库阶段涉及的策略主要包括以下方面。

出库优先级顺序：先在线，再近线，再离线，再异质。

出库审批流程：需要制定严格的数据出库审批程序，按照流程贯彻执行，审批通过之后才能出库。

5.3.3.2 异地备份

异地备份包括同城异地备份和远程异地备份，备份的都是载体，如图5-5所示。

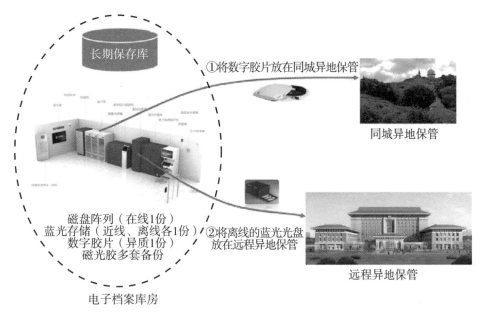

图 5 - 5　异地备份

由于长期保存库采用了"4 - 3 - 2 - 1"的备份策略，在执行异地备份时不需要再进行额外的数据备份，只需要将其中 1 份离线的蓝光光盘出库（以盘匣方式出库，便于保存）之后异地保管在远程异地的档案馆库房中即可；另外，可以考虑在同城异地建设数字胶片库房，将重要档案数据的 1 份异质备份（胶片装盒）妥善保管在同城异地库房中。

异地备份涉及的策略主要包括以下方面。

载体检测策略：对档案数据存储载体进行检测，原则上每两年对蓝光光盘进行一次抽检，抽检比例不低于 5%；数字胶片的抽检可以放宽到 10 年一次。

备份频次：原则上每年运送一次。如果数字胶片加工中心同时建在同城异地库房，则可以随时加工、随时备份。

5.3.4　策略汇总表

档案数据长期保存策略汇总如表 5 - 1 所示。

表 5 –1   **档案数据长期保存策略汇总**

环节	类别	对应策略	策略简要描述
入库管理	入库管理	筛选策略	保存期限从 50 年到永久，其中重要档案数据需要异质备份
		AIP 结构	ZIP 包格式，"四性"检测通过之后才能入库
		AIP 更新策略	首次全量，后续每月增量
日常管理	日常管理	多载体备份策略	"4 – 3 – 2 – 1"备份策略
		巡检策略	按照要求对档案数据和存储载体进行检测
		数据恢复策略	先在线，再近线，再离线，再异质
		载体迁移策略	相同载体之间的迁移，不同载体之间的迁移
		格式转换策略	将 AIP 中的原文件格式全部转换成目标格式
出库管理	管理库调取	出库优先级顺序	先在线，再近线，再离线，再异质
		出库审批流程	按照流程审批通过才能出库
	异地备份	载体检测策略	按照要求对档案数据存储载体进行检测
		备份频次	每年运送一次

参考文献

［1］丁德胜．电子档案管理理论与实务［M］．北京：中国文史出版社，2023.

［2］颜晓栋．电子文件的长期保存研究［D］．武汉：武汉大学，2004.

［3］SHAH C，MARCHIONINI G. Capturing Relevant Information for Digital Curation［C］//Proceedings of the 7th ACM/IEEE – CS Joint Conference on Digital Libraries. New York：Association for Computing Machinery（ACM），2007：496.

［4］CRUZ – MUNDET J R，DIEZ – CARRERA C. Open Archival Information System（OAIS）：Lights and Shadows of A Reference Model［J］. Investigación Biblio Tecológica，2016，30（69）：227 – 253.

［5］SMITH II P L. Developing Small Worlds of E – Science：Using Quantum Mechanics，Biological Science，and Oceanography for Education and Outreach Strategies for Engaging Research Communities Within A University［J］. Grey Journal，2011，7（3）：1 – 6.

［6］钱毅．OAIS 对数字档案馆系统技术路线和管理策略的启示［J］．档案学研究，2009（4）：46 – 49.

［7］钱毅．数据态环境中数字档案对象保存问题与策略分析［J］．档案学通讯，2019（4）：40 – 47.

［8］谢永宪，王巧玲，闫格．我国档案形成机构数字档案信息长期保存现状调查［J］．北京档案，2019（2）：28 – 31.

［9］刘越男，吴云鹏．基于区块链的数字档案长期保存：既有探索及未来发展［J］.档案学通讯，2018（6）：44－53.

［10］张静，王梦瑶，单嵩岩，等．磁光电混合存储在数字档案资源长期保存中的应用研究［J］.图书情报工作，2020，64（20）：89－95.

［11］张天航．基于区块链技术的电子档案"四性"保障研究［D］.湘潭：湘潭大学，2021.

［12］陈苏琪，刘雨娇．对选择归档电子文件存储载体的思考［J］.机电兵船档案，2017（3）：79－81.

［13］DA/T66—2017，城市轨道交通工程文件归档要求与档案分类规范［S］.

［14］蒋术．我国数字档案存储载体长期保存研究［J］.出版发行研究，2016（2）：89－93.

［15］《基于磁、光、电多种载体的海量档案数字资源长久保存技术的研究和实践》项目课题组．磁光电一体化海量档案数字资源长久保存技术研究［J］.山东档案，2021（2）：9－12.

［16］庞海涛，王红林，周传辉．蓝光存储在电子档案长期存储中的应用研究［J］.档案学研究，2017（3）：88－92.

［17］黎梓芫．电子档案长期存储存在的问题及策略［J］.办公室业务，2021（8）：183－184.

［18］谢永宪，王巧玲，房小可，等．我国国家综合档案馆数字档案信息长期保存现状调查［J］.档案学通讯，2019（4）：58－62.

［19］王秀芝．影响世界各国数字档案资源长期保存的相关因素分析［J］.黑龙江档案，2017（3）：107.

［20］郑晓丹，蒋东明．美国NARA档案保存策略框架及其项目研究［J］.兰台世界，2021（1）：29－34.

［21］杨帆，王强．企业数字档案长期保存框架与策略——基于中石油的实践和启示［J］.兰台世界，2020（10）：112－115.

［22］白嘉兴．数字档案长期保存策略研究［J］.兰台世界，2019（S1）：

11 – 12.

［23］王昀．浅谈数字档案资源长期保存策略［J］．兰台世界，2020（5）：54 – 56.

［24］金波，晏秦．数据管理与档案信息服务创新［J］．档案学研究，2017（6）：99 – 104.

［25］大数据战略重点实验室．块数据 2.0：大数据时代的范式革命［M］．北京：中信出版社，2016.

［26］金波，添志鹏．档案数据内涵与特征探析［J］．档案学通讯，2020（3）：4 – 11.

［27］国家档案局．数字遗产保护章程［EB/OL］．https：//www. saac. gov. cn/daj/lhgjk/201201/fee5d5c3cfcd4443ba7b9f538fc7062f. shtml.

［28］DA/T 47—2009，版式电子文件长期保存格式需求［S］.

［29］张智雄，等．数字资源长期保存技术的研究与实践［M］．北京：国家图书馆出版社，2015.

［30］CAPLAN P. Chapter 1：What Is Digital Preservation？［J］．Library Technology Reports，2008，44（2）：7 – 9.

［31］黄晓霞，杨艳杰．谈电子档案的存储［J］．兰台内外，2016（3）：41.

［32］TOPPER E F. After Hurricane Katrina：The Tulane Recovery Project ［J］．New Library World，2011，112（1 – 2）：45 – 51.

［33］肖秋会，沈茜．美国电子文件档案馆项目（ERA）进展［J］．信息资源管理学报，2012（2）：91 – 96.

［34］杨继萍，等．计算机组装与维护标准教程（2015 – 2018 版）［M］．北京：清华大学出版社，2015.

［35］文英子．国内外缩微胶片的应用和保存［J］．数字与缩微影像，2021（4）：20 – 33.

［36］张义正．基于生物酶的 DNA 存储技术［D］．北京：华北电力大学（北京），2023.

后　记

　　档案数据长期保存是一个漫长而艰巨的工程，也是全世界档案部门面临的共同难题。档案数据长期保存既需要存储介质的支撑，更需要各种技术和策略的综合应用。

　　本书通过对存储介质耐久性的详细分析，明确了哪些存储介质适合长期保存。首先对传统存储介质及其发展趋势展开研究，分析各类存储介质的优劣势；再对适合长期保存的介质进行深入分析，从介质结构出发，分析影响耐久性的因素，客观科学地得出各类存储介质的寿命，为档案数据长期保存存储介质的选择提供了重要的参考依据。

　　本书从管理策略和技术策略两方面提出档案数据长期保存策略。档案数据长期保存无法通过单一的存储介质和存储策略实现。本书首先对长期保存概念和长期保存对象进行分析，再结合档案数据长期保存的要求提出档案数据长期保存的框架，明确档案数据长期保存策略包括战略规划、管理策略和技术策略三方面，本书的研究重点放在管理策略和技术策略这两个方面。本书从数据管理、载体管理、环境管理三个部分提出了详细的档案数据长期保存管理策略；同时，通过对长期保存技术的研究，从备份策略、载体迁移策略、格式转换策略三个部分提出了档案数据长期保存技术策略。

　　本书结合上海市区两级综合档案馆档案数据保管现状，提出了电子档案备份中心建设方案。按照档案数据长期保存的总体框架，对电子档案备份中心的总体架构进行了设计，并从库房建设、装具建设、管理系统建设等方面提出了详细的设计方案。同时，本书以长期保存策略为基础，基于实际情况，从入库管理、日常管理、出库管理三个环节提出了一套可落地、可操作的长期保存策略，为下一步电子档案备份中心的建设和运行提供了依据。

本书基于现有的存储介质和长期保存技术，制订了档案数据长期保存方案，希望该方案能尽快落地实施。同时，也希望在档案数据长期保存工作开展过程中能不断总结经验，不断完善长期保存策略，为后续开展档案数据长期保存工作提供可借鉴的经验，为我国档案数据长期保存相关标准规范的制定提供依据。

由于档案数据长期安全保存所涉及的情况复杂、内容众多，要系统、全面、深入地研究剖析档案数据管理与长期保存策略是相当有难度的。囿于本书作者的学识和能力，书中不妥和疏漏之处在所难免，恳请各位专家、学者不吝赐教。

2024 年 6 月